亞 洲
鈔票故事館
Explore the Bill – Asia

第 34 屆金鼎獎最佳圖書作者　莊銘國 著

五南圖書出版公司 印行

Explore the Bill-Asia

序言

　　對一般人而言，鈔票是交易媒介。對我來說，鈔票上的圖像，就像「國家名片」，具有象徵的意義，從中可看到不同國家的文化、社會價值、過去歷史、現在發展與未來展望。如果長時間蒐集達三個版次以上，並對鈔票圖像中的人、事、物深入瞭解，自可學貫中西、神通古今，成為「世界公民」。

　　筆者曾在民間企業任職二十六年，有機會前往業務相關國家從事商務活動，福至心靈，開始蒐集各國鈔票，並當場向客戶請教圖像內容做成記錄。自企業退休後，轉戰大學教職，利用寒暑假與太太同遊更偏遠國度，至今已超過百國。每到一國即設法兌換流通紙幣，並請益當地導遊、重點筆記，回國再行探索。筆者曾擔任帝寶工業公司之獨立董事，該公司係純外銷汽車車燈之上市公司，許敘銘總裁很自豪說：「除南北極外，全世界都有我們的據點。」透過這些國際行銷管道，再補充沒有去過的國度紙鈔，並請海外經銷商略加資料說明；一些非流通之早期外幣，則請「磊昌郵幣社」代為採買；「稀有鈔票」在柏林的巴塞爾國際錢幣展銷會(World Money Fair Basel)、新加坡國際錢幣展銷會(Singapore International Coin Show)、東京國際錢幣展銷會(Tokyo International Coin Convention)、美國國際錢幣展銷會(ANA World's Fair of Money)及北京國際錢幣博覽會，有機會購得。所謂「情之所鍾，千里不遠」，經年累月，多少心血，多少金錢，漸漸羽毛豐長，相當齊全。

　　當年，任職企業滿二十五年，第一次退休；轉戰學術界，又滿六十五歲，第二次屆齡退休；「莫讓餘年空流去，當使晚霞照人間」，現在的我，已逾七旬，偶爾兼課、演講、寫作及擔任顧問等打打零工。期盼有生之年，貢獻一己之力。

本書特別感謝下列網站，使作者從中獲取豐厚知識：

(1) 世界紙鈔網（中國）

　　http://www.ybnotes.com/

(2) 世界の紙幣NEWS（日本）

　　http://www23.ocn.be.jp/%7Euemura

(3) Southern African Paper Money（南非）

　　http://members.xoom.com/papermoney/index.htm

(4) NEAL's Collectable Currency（美國）

　　http://members.AOL.com/NCCurrency/Currency.html

(5) AA NOTES Collectable Paper Money Site（英國）

　　http://www.aanotes.com/collecting/banknotes/frameset.htm

(6) E-Worldbanknotes.com（加拿大）

　　http://www.e-worldbanknotes.com/

　　鑽研各國紙鈔，知識、收藏積少成多，曾應邀各單位演講或展示，最值得一提的是「臺北故事館」於2012年2月18日開始為期半年的借展，緊接著是四個月的高雄科學工藝館、新光三越左營店及匯豐銀行一月期的臺北國父紀念館的展出，數不清的報紙、電臺及電視都報導了這些展覽。中央銀行券幣數位博物館www.cbc.gov.tw每年7月1日為期一年的主題特展歷來也都由筆者擔綱。有興趣者再點入〈虛擬展覽館〉，就再〈主題展覽1F〉前述期再〈展覽回顧B1〉。

　　此外，由五南圖書公司出版《典藏鈔票異數》將各國各時期之特殊鈔票予以解析；另一本是《遇見鈔票》，由書泉出版社印行，主題將臺幣上之圖像與古今中外「類比」，該書獲2010年出版界最高榮譽「金鼎獎」，內心甚為雀躍。緊接著推出五大洲之鈔票介紹，做為日後「鈔票博物館」之主軸。其中《歐洲鈔票故事館》及《非洲鈔票故事館》雙雙獲得「文化部中小學生優良課外讀物」的獎勵。

　　這本《亞洲鈔票故事館》是五大洲鈔票介紹的第二本。在亞洲國度中，除了東帝汶使用美元、賽浦勒斯使用歐元，不用自己鈔票外，其餘國家都發行鈔票，不似歐洲有「歐元」，非洲有「西非法郎」、「中非法郎」，美洲有「東加勒比海元」，眾多國家使用單一貨幣。所以，研究亞洲鈔票，須具備的背景知識特別繁多，但「關關難過關關過」，終於可以公諸於世。

　　亞洲是世界最大洲，約占陸地總面積十分之三，幅員廣潤，從東邊的太平洋延伸到西邊的地中海，北部直達北極海岸，東南地跨赤道。其中有荒涼不毛的西伯利亞，在西南部及中部有浩瀚空曠的沙漠，有人跡罕至的青藏、帕米爾高原，也有湄公河、印度河、幼發拉底河及長江流域的肥沃平原，在東南方有豐富的熱帶雨林，在亞洲大陸外，還有數以千計的島嶼。東部及南部雨量充沛、土地富庶，盛產米麥作物；而茶、咖啡及橡膠也是重要經濟作物；西亞、中亞多為荒漠，但石油儲產量均是世界之首。

　　亞洲是人口最多的洲，幾占世界六成，所以民族、語言相當複雜。亞洲也是世界古文明的發源地——巴比倫文明、印度文明及中國文明。又是主要宗教發源地——佛教、印度教、猶太教、基督教和伊斯蘭教。這些都增添了亞洲文化的多樣性。

　　過去亞洲很多國家都控制在歐美強權手中，直到第二次世界大戰後，才獲得獨立。中亞則遲至1990年代蘇聯解體，才建立自己的國家。近年亞洲諸國在經濟上普遍發展，也逐漸都市化。

　　我們也是亞洲的一員，不妨從亞洲各國鈔票中瞭解其縮影，增添歷史、地理、人文、科技、經濟、社會及政治的知識。

　　研究世界鈔票是一條費時、費錢的漫長不歸路，在家中掛著一幅字——「老身要健、老伴要親、老本要保、老家要顧、老趣要養、老友要聚、老書要讀、老天要謝」。研究各國鈔票就當「老趣要養」，當走到人生的盡頭，過個無悔的人生。印度泰戈爾名言：Let life be beautiful like summer flowers and death like autumn leaves.（生如夏花之燦爛，死如秋葉之靜美），吾深有同感。

　　二版增補鈔票

　　・全數換新
　　　印尼、馬爾地夫、科威特、沙烏地阿拉伯、哈薩克

　　・局部更替
　　　北韓5,000；柬埔寨100、500、10,000、50,000；泰國100、1,000；伊朗5,000、10,000、500,000；伊拉克50,000；敘利亞1,000、2,000；喬治亞20、50、100、200；尼泊爾20、50、100；以色列200；烏茲別克10,000

莊銘國　謹識

Contents

第一篇 東北亞
Northeast Asia

- 依地理上習慣，東北亞有以下幾個國家（照英文字母排序）：中國、日本、蒙古、北韓、南韓和臺灣。

- 中國、北韓和1992年前的蒙古是共產主義（社會主義）的國家，在鈔票正面都以黨國或歷史領導人為主。其中北韓仍奉行計劃經濟，採先軍思想，在鈔票背面有濃厚軍國精神。中國經貿快速發達，把重要國家景點放於鈔票背面，代表大國崛起，泱泱大國。蒙古一直以畜牧為主，亦在鈔票展示。

- 南韓和日本實施資本主義，日本是經濟大國，南韓是後起之秀，鈔票品質位居全球前茅。鈔票上人物未見政治領導人，與歐洲國家相似，採用思想家、教育家、藝術家、文學家及醫學家等人物肖像，並配上文藝作品，可圈可點。最值得一提的是，兩國均有女性入鈔，在父權的東方世界，難能可貴。

- 臺灣過去的鈔票一直是政治人物及建築，近年改成僅存兩張，其餘表現國家前瞻方向及本土化思潮，雖為一小步，絕對值得予以掌聲。

中國 炎黃古國
China

⑤ ⑩ 50 100

面積：960萬平方公里（世界第3）
人口：約14億（世界第1）
首都：北京（Beijing）
幣值：人民幣（CNY）
　　　1美元≒6.66CNY

左方最大顆的星星代表共產黨，其他的小星星則分別代表勞工、農民、知識階級和資本家，也象徵了漢、滿、蒙、回、藏五族，同時五稜星的五也代表中國人的五行。

　　中國在政治上維持共產政體，在經濟上實施市場經濟，並大量吸引外資，成為「世界工廠」。大多數投資在三沿——沿海、沿江、沿邊，目前已成為世界第二大經濟體，近年提出「一帶一路」獲得全球60多國的響應，中國希望重回歷史巔峰，並主導世界經濟。

【1人民幣正面】

◎國家主席‧中共主席　毛澤東（1893-1976）

求學時期受到馬克思主義影響，決心成為軍事領袖與組織共產黨；創立中國共產黨之後，在第一次國共合作中，擔任國民黨中央宣傳部代理部長，並在國共合作破裂後，提出「槍桿子裡出政權」的思想。1928年在井崗山創立第一個根據地，與朱德的部隊會師，成立工農革命軍（之後改稱紅軍），而後又在江西省建立中華蘇維埃共和國臨時政府，並擔任主席。

八年抗戰後，社會問題嚴重，毛澤東提出土地經濟改革，深獲民心，國共會戰，節節勝利，1949年10月1日定都北京，中華民國政府撤退至臺灣。為了加快國家經濟建設，隨後即開展一連串的整風運動及文化大革命，全國大、中學生均響應毛澤東的號召，紛紛組織紅衛兵，從全國各地湧入北京，接受毛澤東檢閱，使全國陷入無政府狀態。

毛澤東是中華人民共和國創立者，一生傳奇歷史，功過未定，美國《時代雜誌》將他評為20世紀最具影響力100人之一。

【5人民幣正面】

【10人民幣正面】

【20人民幣正面】

【50人民幣正面】

【100人民幣正面】

【1人民幣背面】

◎西湖之三潭印月

西湖位於中國杭州西面，三面環山，景致隨四季變化而變化，春天的蘇堤春曉，夏季的曲院風荷，秋季的平湖秋月，冬天的斷橋殘雪，皆令人嘆為觀止。所謂「上有天堂，下有蘇杭」，處處保有古典園林，曲折雅緻，匠心可觀，自然風光與人工建築巧妙結合。西湖引人入勝的地方，不僅在湖光山色，還有歷史典故、浪漫情節，馬可波羅在《東方見聞錄》稱讚有加，中外馳名。

【5人民幣背面】
◎泰山

古人稱高大的山為「嶽」，以中國的中原為中心，五嶽分別是東嶽泰山、中嶽嵩山、北嶽恆山、南嶽衡山，以及西嶽華山。其中在山東的泰山被譽為「五嶽之首」、「五嶽獨尊」，峰巒起伏，雄奇壯麗，歷代君主常來此舉行「封禪」大典，文人雅士亦在此留下大量文物古蹟，是中國第一個被聯合國教科文組織列為世界自然與文化雙重遺產的地點。

【10人民幣背面】
◎長江三峽之瞿塘峽

長江三峽是瞿塘峽、巫峽和西陵峽的總稱，三次入選為人民幣的圖案，兩岸崇山峻嶺，懸崖絕壁，風光奇絕，氣勢磅礴。長江蜿蜒6,380公里，是中國最長的河流，也是僅次於非洲尼羅河及南美亞馬遜河的世界第三大河。它是孕育中華民族古老文明的搖籃，尤以人文精華三峽文化，聲震古今，名噪中外。三峽大壩工程完成後，一切景觀全非，移民百萬，許多古蹟遭遷移，有的成為水中孤島。三峽工程是一具防洪、發電、航運的樞紐工程，創造很多世界之最。

【20人民幣背面】

◎桂林山水之灕江

桂林擁有秀麗的群峰、清澈流水，是一喀斯特地形。石灰岩洞與奇異石頭等景色，舉世聞名。世人皆知「桂林山水甲天下」，疊彩山、伏波山、象鼻山、蘆笛岩、七星岩、灕江，這三山二洞一江，是大自然的偉大作品，是遊客必去的景點。桂林為中國七大旅遊重點城市之一，也是一座具有兩千多年歷史的名城。

【50人民幣背面】

◎西藏布達拉宮

布達拉宮是世界上海拔最高（在青藏高原，世界屋脊，拉薩河谷之紅色山峰之上）、規模最大的宮殿，位於西藏自治區首府拉薩市。它是用花崗岩砌築而成，有上千間殿室，雄偉壯觀，富麗堂皇，是藏族繪畫、雕塑的文化瑰寶，還有歷代達賴喇嘛遺體的靈塔和各類經堂。達賴的寢宮在最高處，因陽光終年照射，被稱為日殿。1961年，布達拉宮被中國中央政府定為全國重點文物保護單位，每年均撥專款維修，使之更加輝煌。

【100人民幣背面】

◎人民大會堂

人民大會堂位於北京天安門廣場西側,與國家博物館遙遙相對,是國家領導人和人民群眾舉行政治、外交活動的場所,同時也是中國重要的標誌性建築之一。1958年10月底破土,1959年8月竣工,從設計到建成僅歷時一年。這棟建築平面呈「山」字形,正面牆呈「弓」字形。一進入就是典雅樸素的中央大廳,北翼則是有5,000個席位的大宴會廳。人民大會堂共有100多個大廳和會議室,每一個都各具特色。本建築在1960年版人民幣上第一次出現。

一鈔一世界

中國是四大文明古國之一,加上國土廣闊,占亞洲面積四分之一,有許多富有歷史的名山大川。鈔票背面的景致不僅代表著中國的文化,也象徵著他們的精神。這些地方的背後,每一個都有一連串的故事及淵源,在美麗的外表下,潛藏著與中國息息相關的深奧學問。能被一國鈔票採納的風景,往往是獨一無二,值得旅行者去的地方。而鈔票的正面皆是毛澤東的頭像(見開國大典紀念鈔),還是政治掛帥助長個人崇拜。世人對毛澤東評價:「開國有功,治國無方。」比起鄰近的日本、南韓及歐洲諸國,大都使用歷史文化名流和作品為鈔票圖案,甚至有女性出頭天,中國號稱泱泱大國,竟無文化巨匠、古籍經書現身,不無遺憾!如能讓對文學、醫學、藝術、教育等有貢獻者,每天與人民在生活中見面,當更有意義。

中國鈔票最高面額是100元,換算美元不過十來塊,現已成為世界第二大經濟體(G2),為了經濟的運行,似乎有發行高額鈔票之必要。從歐債危機到美債降息等風暴,全球金融動盪,有人提出人民幣取代美元之想法,但衡量現實,數十年內,恐怕仍難有取代美元地位的貨幣出現。

【開國大典紀念鈔】

日本 櫻花國度
Japan

⑤ ⑩ 50 100

面積：37.8萬平方公里（世界61）
人口：約1.27億人（世界第10）
首都：東京（Tokyo）
幣值：日圓（JPY）
　　　　1美元≒109JPY

白色是雪地，表示神聖、純潔；紅色表示太陽，並代表熱忱、活力。日本自古崇拜太陽神（天照大神），日喻「日出之國」，以圓日（日之丸）為國旗。

日本自明治維新後，力行西化，提倡文明開放、殖產興業，政治、經濟如日東昇，為世界經濟大國之一。由財團、銀行、通產省（經濟部）鐵三角促成日本經濟奇蹟。其後日本面臨泡沫經濟，產業外移至全世界。日本也是世界平均壽命最長的國家。

【1,000日圓正面】

◎日本醫聖 野口英世（Dr. Noguchi Hideyo, 1876-1928）

野口英世是世界著名醫學家，1876年出生於日本福島縣貧窮農家。生活坎坷的野口英世，曾受火傷，左手萎縮，殘而不廢，刻苦自學，在21歲時取得醫師從業證書。1900年，他赴美深造，並整理了一分關於毒蛇的研究報告，而驚動美國醫學界；此後，他潛心研究細菌學、梅毒、血清學、小兒麻痺等，都獲得顯著的成績，馳名全世界。1928年，他為了研究黃熱病，不顧自己生命安危，前往非洲迦納考察研究，卻在途中被黃熱病奪去生命，享年51歲。在野口英世的碑文上寫著「他畢生致力科學，他為人類而生，並為人類而死」，被尊為醫聖。

【1,000日圓背面】

◎富士山與本棲湖

日本人對富士山相當尊敬，認為它是聖潔的象徵。富士山位於日本本州中南部，山梨縣及靜岡縣交界處，海拔3,776公尺，是日本第一高山。地處火山帶，是典型的圓錐狀休眠火山，其最大特點是富士山腳伸展著美麗的原野，皚皚山頂經年積雪，像一把倒置玉扇。山下有富士五湖——山中湖、河口湖、西湖、精進湖和本棲湖（鈔票上是此湖，湖水清透，五湖之最），湖光山色，令人驚艷不已！

2013年，富士山被聯合國教科文組織列為世界文化遺產。日本人認為「登上富士山便是英雄」，每年吸引上萬人來攀登。

山下盛開的櫻花，是日本國花。日本從南端的沖繩到最北的北海道，遍植櫻花，三、四月盛開，短暫的花期結束後，落英繽紛，亦代表日本精神——功成身退，留名人間。

【2,000日圓正面】

◎沖繩縣那霸市首里城的守禮門

在16世紀中期修建，門楣上掛著明朝萬曆年間之「守禮之邦」的匾額，為迎接明朝冊封使節而建造，這是琉球為禮儀之邦，向明朝表示恭順的意思。守禮門象徵沖繩，也是首里城著名的觀光景點。建築樣式是依中國唐代建築的風格，混合琉球傳統的手法，紅瓦白泥對比，兩層突出的屋頂，古色古香，自成穩定的美感。本鈔票係紀念千禧年及八大工業國（G8）在琉球召開會議而發行。

【2,000日圓背面】

◎源氏物語

鈔票右下方印著日本平安時代的藤原氏女官「紫式部」《源氏物語》作者的畫像，已有千年歷史。《源氏物語》全書分3大部分，共54帖，文字在百萬字以上，情節歷時70餘年，

出場人物440多人，是日本著名。書成於1001-1008年間，歷時七年，是史上最早的長篇寫實小說，盛名千年不墜，為日本不朽的國民文學，世界上公認的亞洲文學十大理想藏書之一。此書以日本平安王朝全盛時期為背景，內容是主人翁源氏（天皇與寵愛妃子所生，但母親地位低下，被迫放棄尊位）的愛情故事，描寫當時社會的腐敗政治和淫亂生活，貴族間互相鬥爭，橫跨三代情愛糾葛，將戀愛中女子心情徹底托出，常被拿來與中國的《紅樓夢》相提並論。鈔票上是源氏在冷泉院會面的場面，左側文章是《源氏物語》〈鈴蟲〉一章的部分詞句。

【5,000日圓正面】
◎著名作家　樋口一葉（Ichiyo Higuchi, 1872-1896）
她以小學四年級的程度自學，進入「荻之舍」學習和歌、古典文學及四書。十七歲時，長兄與父親相繼病逝，開始負擔家計，跟隨作家半井桃水研讀，並且相戀。兩人戀情在當時社會輿論下，不受祝福，因而斷絕關係，生活更加困苦，身心交瘁下，於二十四歲芳齡罹患結核病辭世。被喻為「當代紫式部」的她，創作生涯短暫、作品量不豐，仍掩不住在文學界綻放的光芒。她的代表作《十三夜》揭示從封建社會過渡到資本主義背景，女性受到社會、家庭、自身的壓力，又渴望身心自由，入木三分。（註：近代日本鈔票史上第一次用女性做為紙鈔肖像）

【5,000日圓背面】
◎蝴蝶花
江戶時代中期代表畫家尾形光琳（Korin Ogata, 1658-1716）的屏風畫──蝴蝶花，其畫風流露出一種特殊講究與纖細的品味，由金色、藍色、綠色三種色調構成。透過高低錯落、稀疏緊湊的構圖，彷彿蝴蝶花綻放水面上，華麗而動人。現典藏於日本根津美術館。

【10,000日圓正面】

◎江戶、明治時代偉大教育家、思想家　福澤諭吉 (Yukichi Fukuzawa, 1835-1901)

福澤諭吉是九州大分縣人，在長崎學習荷蘭學後，在江戶開辦了蘭學學堂，即現今「慶應義塾大學」的前身，並創辦《時事新報》，還隨同幕府使節三次訪問歐美，大大開闊了眼界。他弘揚西方文明，發表「脫亞入歐論」：脫離亞洲文化的中國主流傳統，進入歐洲近代的人文主義傳統。力主富國強兵、教育是根本。《勸學》是他的名著之一，該書宣揚了人類平等與知識的重要性，正如他的名言「上天既不在人上造人，也不在人下造人」、「有獨立的個人，才有獨立的國家」，是日本明治維新的思想啟蒙家，深深影響日本整個社會，因此一萬元鈔票始終以「福澤諭吉」為人頭像（1,000元、5,000元日鈔均曾換人頭），肯定他對日本現代化之貢獻。

【10,000日圓背面】

◎鳳凰像

在京都宇都市平等院（Byodo-in）鳳凰堂的中堂，有兩隻尊貴象徵的金銅鳳凰。鳳凰堂集繪畫、建築、工藝、雕刻等藝術於一堂，1994年聯合國教科文組織列為「世界文化遺產」。（註：平等院是日本平安時代（西元11世紀）木構建築，古代日本人將極樂世界淨土庭園的象徵，表現於此建築上。）

一鈔
一世界

日本是一個天然資源匱乏的國家，經過明治維新，人民力爭上游，成為一經濟大國，特別在汽車工業、化學工業、電子工業、造船工業卓有成就。日本相當重視文化，擁有悠久的歷史，鈔票上都是有貢獻的人物，精緻絢爛，提醒人民勿忘他們不朽的成就。在鈔票的背面，多數呈現國家國寶級文物，可說是代表著日本的形象，也顯示出他們強烈的民族精神。大和民族文化，本身獨特的品質，足以吸引全世界目光，連紙幣的品質，也無從偽造及影印。

2005年4月，日本換了鈔票（見附圖1,000元、5,000元舊鈔），慶應大學創辦人，明治維新的啟蒙思想家福澤諭吉，仍穩坐10,000元寶座沒有改變，他的「脫亞入歐」主張，對現代的日本影響很大。而1,000元由文學家夏目漱石換成日本鈔票史上第一位醫學家，為研究而殉職的日本醫聖野口英世；5,000元由教育家、農學家新渡戶稻造換成女性小説家樋口一葉。日本在1881年曾印製神功皇后肖像鈔票，一百多年後再度出現女性鈔票。

【 1,000日圓舊版鈔人頭像──夏目漱石 】

2000年印行2,000元紙鈔，跟臺灣2,000元命運一樣，使用頻率極低，市面很少見。

日本安倍內閣以刺激消費為主旨的金融改革方案中，包括發行50,000日圓鈔票，誰會上榜呢？但這幾版正面人物皆「去政治化」，故預期政治家不太會出現。

【 5,000日圓舊版鈔人頭像──新渡戶稻造 】

蒙古 草原兒女
Mongolia

⑤ ⑩ 50 100

面積：156.7萬平方公里（世界第18）

人口：約300萬人

首都：烏蘭巴托（Ulaanbaatar）

幣值：圖格里克（Togrog MNT）

1美元≒2,448MNT

國旗上的兩塊紅色分別代表自由與獨立，藍色象徵蔚藍的天空。黃色圖案最上方是火焰，三條火舌表示過去、現在和未來。火焰下面是太陽和月亮。火、太陽、月亮表示世代興隆永生；三角形、長方形代表人民的智慧、正直和抵抗外侮的屏障；陰陽圖案象徵和諧與永恆。

800多年前（1206年），蒙古人成吉思汗建立了大蒙古國，發動無數征戰，疆域鼎盛，達3300萬平方公里，一直為蒙古人津津樂道。

蒙古是世界上面積僅次於哈薩克的內陸國，但人口稀少，是全球人口密度最小的國家。蒙古耕地少，大部分是草原、山脈、沙漠，所以蒙古是個游牧國家，後來受惠大量自然資源，成為亞洲新星，因太依賴單一產業，受大宗物資需求下降影響，經濟崩落，尋求外援。

【1圖格里克正面】
◎獅子吉祥圖
獅子是佛教（喇嘛教亦然）之聖獸

【1圖格里克背面】
◎索永布（Soyombo）
索永布最上方是火焰，火為吉祥和興旺的種子，三條火舌表示過去、現在和未來，豐盈的意志都不會熄滅。火焰下面是蒙古人民傳統的象徵物：太陽和月亮。火與日、月三者結合，顯示繁榮昌盛，蒸蒸日上。上下兩個三角形代表箭，箭頭向下，表示以武力捍衛家園。上下兩條橫長方形，是堅持正義和忠實的展現。正中的陰陽圖案象徵和諧，而分列左右的兩條直長方形代表城牆，表示全民團結如一人，比牆還堅固。索永布圖案寓意深刻，一直是蒙古人民族自由、獨立的象徵。

【5圖格里克正面】

【5圖格里克背面】

【10圖格里克正面】

【10圖格里克背面】

【20圖格里克正面】

【20圖格里克背面】

【50圖格里克正面】

【50圖格里克背面】

【100圖格里克正面】
◎蒙古人民黨締造者　蘇赫巴托爾 (Sukbaatar, 1893-1923)
1911年博克多格根宣布外蒙古獨立時，他加入了外蒙古軍，在一些王公貴族的支持下，開始熱衷於獨立的活動。1919年，隨著十月革命的爆發，蘇赫巴托爾開始建立革命小組，1921年建立了「蒙古人民黨」，被推選領導人。1924年蒙古獨立，蒙古人民共和國脫離中國。1992年2月蒙古放棄社會主義，實施多黨制及總統制。

【100圖格里克背面】
◎馬、高山、草原
蒙古是傳統的畜牧業國家。蒙古民族是逐水草而居的馬背上的游牧民族，牧場面積廣闊，畜牧業多為游牧、半游牧方式，其中以養羊業最重要。在蒙古人生活中，綿羊、山羊、牛、馬、駱駝五大牲畜，是他們不可或缺的經濟來源及食物。豪放、灑脫的民族性，發展出獨特的歷史風采。

【500圖格里克正面】

【500圖格里克背面】

【1,000圖格里克正面】

【1,000圖格里克背面】

◎蒙古包

用多頭牛來搬運，是蒙古游牧民族所住的房子。牧人隨著季節更替而變化牧場，在新地方安營紮寨。蒙古包為圓形，面積大約七十平方公尺，它的牆是活動的，用皮條把樺木竿栓釘起來，可以折併或伸張。在這傘形木架和活動木壁之外，用羊毛氈蓋好，再用毛繩把它繫緊。它的門一律都向東或東南方開，原因是要躲開自西北吹來的寒風。包頂有可開合之天窗，用來採光及通風。蒙古畜牧特點是勞動投入少、生產成本低，蒙古草原有牧草、湖泊，發展牧業較為有利。

【5,000圖格里克正面】

【5,000圖格里克背面】

【 10,000圖格里克正面 】

【 10,000圖格里克背面 】

◎銀樹噴泉（Sliver Tree）

1253年法國國王之使節盧布魯克（Rubruck）來到蒙古帝國的首都，就在他的遊記記下大汗宮殿前的「銀樹噴泉」：有株巨大銀樹，所有樹幹、枝、葉、果均是銀製，尚有4條鍍金的蛇，嘴巴噴出不同種類的酒，供大汗及群臣享用，樹頂上的天使就像會吹奏喇叭，用馬奶及美酒代替水當噴泉，極盡奢華。根據此遊記描述，18世紀荷蘭畫家重現此一壯觀景象，這張風景圖就放在蒙古鈔票5,000元及10,000元的背面，讓後世能想像昔日的輝煌。

【20,000圖格里克正面】
◎蒙古帝國開創者，軍事
家　成吉思汗（Genghis
Khan, 1162-1227）
成吉思汗即元太祖，原名
鐵木真。在位二十二年，
與其子孫快騎善射，強健
剽悍，發動了三次西征，
建立了四大汗國（欽察汗
國、察合臺汗國、伊兒汗
國、窩闊臺汗國），領土

橫跨歐亞。他曾經是一位叱吒風雲、顯赫一世的蒙古英雄。成吉思汗在征服蒙古各部落的過程
中，建立了軍事、政治、護衛、宮務管理等制度，並制定了法律條例。他還用維吾爾字母拼寫蒙
古語言，從此，蒙古有了自己的通行文字。

【20,000圖格里克背面】
◎蒙古九旗
從萊茵河畔到黃河汴梁，
從北方俄羅斯草原到烈日
阿拉伯沙漠，大半歐亞大
陸曾籠罩在蒙古帝國的權
力和威勢之下，各種宗教
和文化在此融合。
蒙古人認為九具有無限大
的潛力，九旗橫掃千軍，
又稱「蘇勒德」。如今在

節日慶典，騎在馬背上的士兵，還舉著九旗，風姿依舊威武。

一鈔
一世界

蒙古是世界第二大內陸國，也是世界人均草原面積之首，最近積極
開發鈾、金礦產。蒙古國以它的風俗民情為傲，並持續延續下去，
許多人因好奇慕名而來，體驗在全世界可說是獨一無二的生活方
式。鈔票上分別紀念以前及現代的重要人物，他們的功勞幫助蒙古
國創造遠大的名聲，並在歷史上留下重大影響，也因此成為蒙古國
的驕傲。
從500元、1,000元、5,000元、10,000元到20,000元都是採用成吉思
汗大帝的肖像。
1206年鐵木真統一蒙古各部落，被尊為成吉思汗，2006年適逢蒙古
帝國800週年，發行上述之鈔票。一代天驕成吉思汗被印在鈔票上，
見證著蒙古人緬懷一去不復還的榮耀。

北韓 金氏王朝
North Korea

⑤ ⑩ 50 100

面積： 12.1萬平方公里

人口： 約2,400萬人

首都： 平壤（Pyongyang）

幣值： 朝鮮元（KPW）

　　　　1美元≒890KPW

在共產國家中，紅色代表革命，兩條細白線象徵純潔，上下藍條代表和平。圖形來自於中國的太極思想，五角星是共產主義的象徵。進入北韓不准帶手機、變焦大於10的照相機、望遠鏡、筆電、計算器、MP3及任何通訊設備，照相也被管制。

北韓礦產蘊藏豐富，工業也興盛一時，自共產蘇聯老大解體，加上持續飢荒，幾近於崩潰邊緣。南北韓對峙，時修好，時緊張。

北韓實施計劃經濟，強調先軍思想，擁有核武，最高領導人是家族世襲，人稱「金氏王朝」，朝鮮問題深受世界關注。

【5朝鮮元正面】
◎學生（右）與科學家（左）。

【5朝鮮元背面】
◎過去北韓河川常暴雨氾濫，修建禮成江青年一號水電廠可控制水患，又可灌漑農田及發電。

【10朝鮮元正面】
◎北韓陸海空三軍士
兵，象徵保家衛國。

【10朝鮮元背面】
◎具有民族風格的平壤〈
勇往直前〉之雕塑，是祖
國解放戰爭勝利紀念碑。

【50朝鮮元正面】
◎工人、農人及知識
分子，象徵北韓青春
氣息。

【50朝鮮元背面】
◎位於平壤的朝鮮勞
動黨建黨50周年紀念
碑，自左至右，鐵鎚
代表工人，筆桿代表
知識分子，鐮刀代表
農民（一般共黨都是
農工，北朝鮮加上知
識分子）。

【100朝鮮元正面】
◎北韓國花。

北韓國花是「朝鮮杜鵑」，北韓人民將其稱為「金達萊」，長久開放，北韓人民以它象徵長久的
繁榮，喜悅和幸福。而且鮮紅的北韓杜鵑與昔日志願軍戰士的血相互印證。

金日成在世時，非常喜歡金達萊花，他認為花朵瑰麗，生命力強，可謂花中之王，欽點為國花。

北韓亦稱之為「金日成花」。

【100朝鮮元背面】
◎面額數字。

【200朝鮮元正面】
◎千里馬銅像（Chollima
Statue），金日成推行千里馬
運動，意圖在各方面領先南
韓。當年韓戰，平壤受到嚴重
轟炸，幾乎成了廢墟，期以千
里馬速度恢復成雄偉壯麗的都
市。

【200朝鮮元背面】
◎面額數字。

【500朝鮮元正面】
◎位於首都平壤牡丹峰山腳下的凱旋門（Arch of Triumph），建於1982年。

【500朝鮮元背面】
◎面額數字。

【1,000朝鮮元正面】
◎金正淑故居
金正淑1917年誕生於咸
鏡北道，1940年與金日
成結婚，1942年生下金
正日，1949年因難產過
世，得年32歲。
曾任朝鮮勞動黨總書記
及國防委員會主席，過
世後追封國母及共和國
英雄。

【1,000朝鮮元背面】
◎革命聖地三池淵
（註：白頭山，中國
稱長白山，是中韓界
山，其上著名之湖泊有
天池、三池淵及長淵
湖）。

【2,000朝鮮元正面】
◎朝鮮第二代領導人金
正日的誕生地──白頭
山密營故居，背景是正
日峰（以其名命名）。

【2,000朝鮮元背面】

◎氣勢磅礡，山色雄美的北韓白頭山（即中國東北之長白山），為中韓界山（鴨綠江則為界河）。

因一年四季山頂皆積雪而名白頭山。火山噴發時所噴出的岩漿多為白色洋石，而山頂的天池為著名的火山口湖。白頭山是金日成的出生地，他曾經帶領民眾轉戰白頭山，抵抗日本侵略而光復韓國。

【5,000朝鮮元正面】

◎金日成誕生地及故居　萬景臺

以能看到上萬種景色而得名，它位於平壤市區，至今保留著無價的歷史遺跡。萬景峰是萬景臺的最高點，站在萬景臺上可以俯瞰完整、優美的景色。萬景臺是金日成度過童年時代的舊居。這裡有一座普通的茅草房，裡面的家具展現了艱難生活印記。從一百多年前，金日成的曾祖父起四代，即居住在這個茅草房裡。萬景臺茅草屋旁邊挺立著白楊樹，這是金日成的父親金亨稷在平壤上學時所種下的樹。

【5,000朝鮮元背面】
◎北韓國際友誼展覽館，館內珍藏各國政要贈送北韓領導人的禮物。

一鈔
一世界

20世紀初，韓國原為日本殖民地，二次世界大戰結束，因政治原因，以北緯三十八度線分割南北朝鮮（南北韓），北韓領導人已三代世襲。

北韓受金氏家族長期獨裁統治，以至於在鈔票上面，我們可以看到許多關於金日成的種種，藉以讓後代子孫緬懷此人。北韓時常鬧飢荒，人民吃不飽，最常做的事就是以武力威脅鄰近國家。從北韓的鈔票中，就能輕易了解到人民思想、愛國精神及政治體制，也正能時時刻刻使人民記得「先軍」與「尚武」的重要性。

在鎖國政策之下，外國人只能使用人民幣及歐元，防止朝鮮元外流。2009年12月1日起推行貨幣改革，原舊版100元，更換新版1元。在毫無預警下，每戶限換15萬現金及30萬銀行存款，全國人民頓失財產，引起民怨，財政部長林南荃因而免職，後被槍決。

南韓 漢江奇蹟
South Korea

⑤ ⑩ 50 100

面積：9.8萬平方公里

人口：約5,000萬人（世界第26）

首都：首爾（Seoul）

幣值：韓元（KRW）
　　　　1美元≒1,145KRW

由四個卦象分別代表「乾、坤、坎、離」，此四卦象又分別表示了東西南北、春夏秋冬和天地日月；紅青太極代表陰陽調和；國旗底色白色是韓國的聖色，象徵完美。韓國人喜好穿白色的服裝。

韓國吸收中華文化過程中，極欲保有自己文化特色。南韓近年大力發展鋼鐵、汽車、電子、文化（哈韓風），經濟急速成長，且大多集中在現代、三星、LG、SK集團。曾受1997年亞洲金融風暴侵襲，如今反敗為勝，令人嘆為觀止。

【1,000韓元正面】

◎李朝的哲學家、詩人　退溪李滉（1501-1570）

享壽七十歲，不關心仕途，致力於研讀更精進的學問，和教書培育人才，發揚朱熹哲學，1523年進入成均館編著《聖者十圖》，被當作精神的引導人，受到大家愛戴，和李珥一起被認為是性理學兩大先驅。

背景是朝鮮時代最高教育機關──成均館內的明倫堂及梅花圖。（註：明倫堂三字為宋朝朱熹手書，而梅花為李滉生前最喜好的花。）透過明倫堂及梅花（四君子之首），代表培養高雅人品。

【1,000韓元背面】

◎溪上淨居圖

朝鮮山水畫家謙齋鄭歚（1676-1759）的山水畫──溪上靜居圖，所畫的是退溪先生李滉在陶山書院寫文章的情景。運用層層疊疊的手法，表達山巒、樹木的靜穆。透過這幅畫，感受李滉之高尚人格。（註：本畫在2012年以34億韓元（約新臺幣1億）賣出，創南韓古代藝術品最高價格。）

【5,000韓元正面】

◎韓國著名的哲學家、政治家、學者　栗谷李珥（1536-1584）

李珥是朝鮮時代中期的政治家、哲學家，是李滉的學生，提出理氣二元論，主張世界由氣、理構成。在當時，他看國際形勢，預測日本攻擊朝鮮之事，主張建軍十萬防止女真（滿人）及日本侵略。

背景是李珥的出生地烏竹軒及墨竹圖案，展示李珥的內在氣質與韓式建築之美。

【5,000韓元背面】

◎草蟲圖

李珥母親申師仁堂所作的草蟲圖。它是一個屏風，上有蝴蝶、西瓜、蟋蟀、雞冠花，生動自然、維妙維肖，象徵韓國母親的藝術才華。

她運用水墨沒骨畫法，不勾勒景物的輪廓線，直接運用色彩、明暗、深淺來區別，畫面柔美而優雅，景物逼真，具清新的感覺。

【10,000韓元正面】

◎世宗大王（1397-1450）

朝鮮時代（1392-1910）第四代國王。精通儒學，主張先鞏固軍事，改善政治，接著他在1443年發明了現在韓國所使用的二十四字母「朝鮮文字」，定每年十月九日為韓語節，須發順民正音。又發展科技，設計全世界第一個雨量計，稱「測雨器」，並且發明了日晷和壺漏。鈔票左方為象徵帝王威嚴的《日月五峰圖》，上面刺繡太陽、月亮及五行的五個山峰，並有長青的巨松及壯觀的瀑布，象徵國運的永恆。現典藏於韓國故宮博物館。

【10,000韓元背面】

◎渾天儀和光學天體望遠鏡

這個渾天儀是世宗大王在位期間，主持製造和改良的古代科學儀器，是天文時鐘。鈔票背景上還有《天象列次分野之途》，它是石刻星相天文圖，星相名稱均用中文篆刻（由理學兩大先驅所書），典藏於高麗大學圖書館。右下角為近代光學天體望遠鏡。

【50,000韓元正面】

◎朝鮮時代女畫家申師仁堂（Sin Saimdang, 1504-1551），是歷史上有名的賢妻良母、女藝術家，擅長書法及繪畫，留下不少名作，是韓國5,000元鈔人頭像李珥的母親。

背景是其作品《墨葡萄圖》及《草蟲圖繡屏》，左側有蘭草及幾何圖形花紋，右側為高句麗古墓壁畫。

【50,000韓元背面】

◎朝鮮王朝中期畫家魚夢龍（1566-1617）之《月梅圖》、李霆（1541-1622）之《風竹圖》，兩幅融合，一深一淺，一動一靜，宛如水墨小品，令人賞心悅目。

一鈔
一世界

南韓是一個民族意識強烈的國家，從南韓的鈔票上就可觀察出，不論是現行流通或前期紙幣，都是以對國家有重大影響的人物為主題。不管是退溪李滉、栗谷李珥，還是世宗大王，他們都是對南韓有很大貢獻的人物。背面也是以上述重要人物的作品為主題，這些作品也遺留保存至今，列為國寶，並予以編號保護，看得出南韓人民對此的重視。特別在最高面額的50,000元，出現亞洲國家少見之女性，著實不易。

朝鮮（韓國）的歷史與中國有密切關係，鈔票上之韓國人物，顯示一個人的人格修養為擔任公職之主要標準。而韓國之繪畫，在吸收中國畫後，形成了自己獨立風格。

南韓原計畫要推出10萬韓元鈔票，正面為金九（1876-1949，獨立運動家）肖像，背面為《大東嶼地圖》，其中是否標記獨島（日本稱竹島），產生分歧，暫時中止發行。

南韓的鈔票，設計有色光，在「暗地」可看出鈔票的邊緣發出螢光，不同幣值有不同色光，不怕在夜間會看錯，真是一絕。

臺灣 福爾摩莎
Taiwan

(5) (10) [50] [100]

面積：3.6萬平方公里
人口：約2,300萬人（世界第53）
首都：臺北（Taipei）
幣值：新臺幣（TWD）
　　　　1美元≒30TWD

有十二道光芒，分別代表十二個時辰與月分，象徵著時序的更替。白色、青色、紅色有自由、平等與博愛之意，紅色並且象徵先烈奉獻熱血的開國精神。青天白日為陸皓東所設計，亦為中國國民黨黨旗。

中華民國已退居臺灣，過去靠RST（稻米、糖、茶）出口，現在是世界有名的資訊產品製造國，大體上，以中小企業為主，很有彈性，但規模都不大，已有相當比例投資中國及東南亞。

【100新臺幣正面】
◎孫中山（1866-1925）

孫中山領導革命，創立興中會、同盟會，並研究歐美各國制度，獨創民族、民權、民生之「三民主義」及傳統三權分立，再加上考試、監察的「五權憲法」。在歷經十次起義失敗，終在1911年10月10日武昌革命成功，推翻滿清政府，建立中華民國，為後世尊稱為「國父」。正面背景輔以孫中山「博愛」及「禮運大同篇」開頭文字墨寶，藉以緬懷創立中華民國的貢獻與心血。

【100新臺幣背面】
◎中山樓

中山樓係女建築師修澤蘭之代表作，座落臺北陽明山，作為政府重大集會、慶典及接待國賓之用。全樓以中國宮殿式建築藝術為藍本，依山而起、依勢而建。樓之結構層層疊疊，屋頂鋪蓋以綠色琉璃瓦，飛簷翹角有如大鵬展翼，活潑而生動，紅簷白牆尤顯壯麗。樓之正前方廣場，矗立一座挺拔的牌樓，正面鐫刻國父墨跡「天下為公」，背面為「大道之行」，運筆遒逸灑脫，襯以大門前蒼松翠柏及石獅，自然形成一片肅穆寧靜氣氛。階梯共百階，係紀念孫中山百歲冥誕。鈔票右上方為梅花。

【200新臺幣正面】

◎中華民國前總統、近代軍事家及政治家　蔣中正（1887-1975）

蔣中正係中國浙江省奉化縣人，1925年孫中山逝世後，他承繼了中國國民黨領導人地位。他揮軍北伐，對抗當時占據北方的軍閥並獲得勝利，1928年統一全中國，成為中華民國全國領導人，其後領導對日抗戰勝利後，蔣氏曾試圖勦滅中國共產黨，但最終失敗；國共內戰節節敗退，迫使國民政府撤退至臺灣。國府遷臺後，他一直擔任中華民國總統至其逝世。鈔票背景上方是「耕者有其田」，下方是「九年義務教育」，是主政者之主要政績。

【200新臺幣背面】

◎總統府

總統府座落在臺北市重慶南路上，在日本殖民期為臺灣總督府，由日本人長野宇平治設計，1918年興建完成，屬於文藝復興時期巴洛克式建築。中央聳立高塔，兩翼延伸，再以角塔收結，呈現穩重對稱的直角。中央高塔是總

統府的最高點。可俯瞰臺北城，是日治時代全臺最高的建築物。衛塔分立於主入口的兩側，強化入口的意象，並烘托出中央塔的雄偉。總面積超過一萬坪，為當時東亞少數巨大建築之一。旅遊網站「When on earth」評選世界13個最有特色的總統府，臺灣總統府名列其中。鈔票右上方為蘭花。

【500新臺幣正面】
◎少棒
1968年8月25日，紅葉少棒隊與世界冠軍的日本關西少棒聯盟和歌山隊鏖戰9局，以7比0的懸殊比數擊敗勁敵，震驚全世界，掀起臺灣少棒的熱潮。

1969年的金龍少棒隊得到臺灣的第一個世界冠軍，棒壇受到極大鼓舞，甚至年年奪冠，且延伸至青少棒、青棒「三冠王」，而使棒球發展為「國球」。鈔票上是臺東縣南王國小少棒隊在民生報舉辦之少棒賽贏得勝利，高聲歡呼時的情景，棒球在臺灣生根了。這開心的畫面是由聯合報記者鍾豐榮所拍攝。

【500新臺幣背面】
◎臺灣梅花鹿（The Formosa Sika）
梅花鹿為產於臺灣島的特有種，因背後有白色似梅花斑而得名，主食為樹葉，棲息於海拔五百公尺上下的叢林草莽，在秋季交配，懷胎八個月，次年四月至六月間可以生下小鹿。臺灣自古以來就是鹿之

島，史書記載：「臺山無虎，故鹿最繁，昔年近山皆為土番鹿場。」由此可見，梅花鹿與臺灣先住民文化、臺灣歷史，都有密不可分的關聯。因大量獵捕梅花鹿，至1969年幾乎絕跡。1984年開始推動梅花鹿復育計畫，現在墾丁國家公園及綠島已可看到其蹤影了。

背面是大霸尖山，山勢壯觀，孤聳傲立，海拔3,492公尺，山形似圓柱體，四面懸崖，是臺灣百岳最雄偉壯麗的山峰，有「世紀奇峰」之稱。鈔票右上角的圖案為竹子。

【1,000新臺幣正面】

◎小學生觀看地球儀

在臺灣多元化的社會裡，有許多值得展現的新風貌，因此在圖案的設計上，一改一成不變的人頭像。這張鈔票呈現國家努力的方向與願景，希望臺灣的孩子能從小小的地球儀上，得知世界之大，背景左側是望遠鏡，右側是顯微鏡觀測，進行動手實證（在臺北市福星國小拍攝），並努力培養世界競爭力。希望教育不再是填鴨式而走向「大膽假設，小心求證」，「做中學，學中做」，並成為世界公民的一員。

【1,000新臺幣背面】

◎帝雉

又稱黑長尾雉，以昆蟲、嫩芽、球根為主要食物，分布於海拔1,000公尺以上的原始針葉林、草原混生地帶，像一位氣質雍容的貴婦，生性隱秘、機警、嫻靜。日治時代，日本人視為鳥中之王，特為取悅天皇而取名「帝雉」。常於雨後或晨昏時分沿著山中小徑或林緣地帶覓食。帝雉為臺灣特有的珍稀美禽，在1966年便被列為世界稀有種。目前除少數人工培育之外，野生的臺灣帝雉已近絕跡了。在玉山及雪霸公園還保留其棲息地。

背景是臺灣第一高山玉山，海拔3,952公尺。鈔票左上角是玉山日出，左下角是一種特有植物——「玉山薊」，俗稱「雞角刺」，可當藥用植物，右上角則為菊花。

【2,000新臺幣正面】

◎第一枚低軌道的科學實驗衛星　中華衛星一號

中華衛星一號用來進行海洋水色照相、電離層電漿電動效應測量及使用頻道之通訊實驗等三項科學及技術實驗。碟形天線將每日所蒐集到的資料，分送給國內外研究機構從事科學實驗。中華衛星一號於1999年1月27日順利發射成功。鈔票左下方是經貿（世貿大樓），而右上方則是科技（衛星）。

【2,000新臺幣背面】

◎臺灣國寶魚　櫻花鉤吻鮭

櫻花鉤吻鮭分布於大甲溪上游、七家灣溪（海拔2,000公尺），俗名臺灣鱒、梨山鱒，喜歡較冷且清澈及水質良好之水域。鮭魚產卵時，魚身變粉紅，因而得名「櫻花」鉤吻鮭。這種鮭魚已演變成陸封型，不必游至大海生長。

主要棲息於高山森林溪流之深潭及攔沙壩下方落瀑潭中，雪山及武陵農場可發現其身影。肉食性，主要攝食蜉蝣、石蠅、石蠶、搖蚊等水生昆蟲，亦食其他小魚或掉落水面之昆蟲。背景是南湖大山，標高3,742公尺，臺灣第四高峰，山形雄渾，氣勢懾人，亦稱「帝王峰」。玉山、雪山、秀姑巒山、南湖大山、北大武山合稱「五岳」。鈔票右上角為松樹。

對於100元及200元用孫中山、中山樓及蔣中正，總統府表示「尊重傳統」，因為過去臺幣幾乎都是如此，正面不是孫中山就是蔣中正，背面不是總統府就是中山樓，甚少變動，附圖為以前的臺幣。而500元、1,000元、2,000元之正面為「前瞻性」：運動、教育、經貿與科技，而其背面都是主要山峰及臺灣稀有動物，顯示「本土化」，所有背面之右上角分別為「梅」、「蘭」、「竹」、「菊」、「松」，就是四君子與歲寒三友，象徵至高情操，清新淡雅，大體言之，很貼近世界主流，可圈可點，令人耳目一新。

很用心的設計：500元的梅花鹿生存在500公尺的高地，1,000元的帝雉活動在1,000公尺的山上，2,000元的櫻花鉤吻鮭生活在2,000公尺的冰寒溪流中。

【附圖】

【附圖】

【附圖】

【附圖】

第二篇 東南亞
Southeast Asia

- 依地理上習慣，東南亞有以下幾個國家（照英文字母排序）：汶萊、柬埔寨、東帝汶、印尼、寮國、馬來西亞、緬甸、菲律賓、新加坡、泰國及越南。

- 除東帝汶外，其餘十國均加入東南亞國協，與歐盟、北美自由貿易區並列世界三大經濟體，但各國經濟差異甚大。新加坡已是已開發國家，經貿、金融、物流、航運為東南亞中樞；汶萊人均所得與先進國家相若，出口以石油、天然氣為主，但財富集中王公貴族富豪家，此二國被稱為「小而美，小而富」典範。馬來西亞、菲律賓、印尼及泰國，經濟上有一定基礎，繼「四小龍」後，被稱為「四小虎」；越南起步較慢，近年各國相繼投資，後市看好；而緬甸、柬埔寨、寮國及東帝汶，經濟遠遠落後。

- 東南亞鈔票正面幾乎都是國王或政治首腦，背面才是政治建築、歷史文物、地理景點或國家之前瞻方向，值得一提的是，在越南及汶萊全套鈔票及馬來西亞、新加坡部分鈔票採用「塑膠鈔票」。而東帝汶是亞洲唯一沒有發行鈔票的國家，交易使用美元。

汶萊 和平之地

Brunei

⑤ ⑩ 50 100

面積：0.58萬平方公里

人口：約43萬人

首都：斯里百加灣（Bandar Seri Begawan）

幣值：汶萊元（Ringgit BND）
　　　　1美元≒1.4BND

國旗底色為黃色，代表自古傳統顏色（在百年前國旗全面是黃色）；黑白兩條斜紋是紀念1958年兩位有功的親王。國徽最上方的小旗與寶蓋是王權的標誌。上弦月象徵伊斯蘭教，並寫著：「遵守阿拉的旨意」，表示虔誠的信仰。最下方是一條飾帶，寫著國號：「和平之地汶萊」。左右的一雙手表示政府提升人民福祉的誓言。汶萊的收入來自石油及天然氣，國王財富僅次於沙烏地阿拉伯。

【1汶萊元正面】

◎汶萊第二十九任蘇丹　哈桑納爾‧博爾基亞（Hassanal Bolkiah, 1946-）

年幼曾在國內受宮廷教育，1959年前往馬來西亞吉隆坡私立維多利亞學院學習，1961年被封為王儲。他曾到英國皇家桑赫斯特軍事學院接受訓練。1967年10月，返回汶萊繼承王位，成為第29代蘇丹。任首相一職外，還兼任財政大臣、內政大臣和國防大臣；不僅如此，他還曾是汶萊官方宗教——伊斯蘭教的領袖。汶萊盛產石油，因石油帶動工業，是世界上富裕國度之一，在國王財富排行榜名列前茅。中間是雞蛋花。

【1汶萊元背面】

◎汶萊首都百加灣鳥瞰

左上為奧瑪爾‧阿里‧賽福鼎清真寺（Omar Ali Saifuddien Mosque）（以28任蘇丹為名之清真寺），左下為Yayasan購物中心，極為豪華。

【5汶萊元正面】
◎中間是薑黃花又稱黃薑。根莖可磨成咖哩的主要香料。

【5汶萊元背面】
◎皇室典禮廳——當今蘇丹1968年在此加冕。

【10汶萊元正面】
◎中間是皇帝鳥藍花（*Cosmos caudatus*），著名之藥材，富含鈣質及維他命A，亦可製成菜餚，可治療壞血病及高血壓。

【10汶萊元背面】
◎以第29任蘇丹為名的哈桑納爾‧博爾基亞清真寺（Jame Asrihassanil Bolkiah Mosque）

【20汶萊元正面】
◎中間為Tapak
Kuda Laut花

【20汶萊元背面】
◎左側是新加坡市
景，右側是汶萊風
光，中間文字表示
兩國幣值採行一比
一，由1967年至
2007年，已有四十
年歷史了。

【50汶萊元正面】
◎中間為Tepus
Kantan花

【50汶萊元背面】
◎熱帶雨林灌木
（Belukar Tropikal）

【100元萊元正面】
◎中間為印度杜鵑

【100汶萊元背面】
◎熱帶雨林水域
馬來語中「汶萊」意思為「植物」，位置處於近赤道4°N-5°N的汶萊，土地百分之八十為森林覆蓋，這些原始叢林大多未經砍伐，保有自然之美。在這裡終年炎熱而潮濕，屬熱帶雨林氣候，一年可分為雨季和旱季，界線分明。植物資源極為豐富，種類繁多，其中紅木等貴重木材，是造船和製造家具的上等材料。

【500汶萊元正面】
◎現任汶萊蘇丹的父親，第二十八任蘇丹奧瑪爾·阿里·賽福鼎（Omar Ali Saifuddien III, 1914-1986）
奧瑪爾·阿里·賽福鼎為了人民，發展第一個和第二個五年發展計劃，除了改善教育體制，還提供小學生獎學金，且每天至少有一餐食物免費。
中間為貓須草（Misai Kucing），又名爪哇茶（Java Tea），對多種疾病有輔助療效。

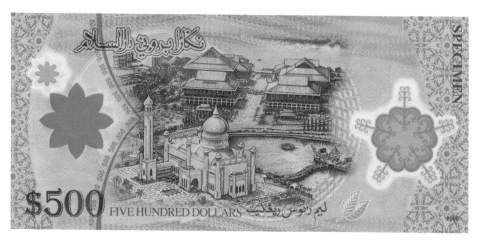

【500汶萊元背面】

◎奧瑪爾‧阿里‧賽福鼎清真寺（Omar Ali Saifuddien Mosque）

奧瑪爾‧阿里‧賽福鼎清真寺是東南亞最美麗的清真寺，上有28個圓頂，使用了義大利大理石作為地板和中國花崗岩作為外壁，枝形吊燈和玻璃窗則來自英國，而地毯是從沙烏地阿拉伯和比利時進口的。閃耀的金圓頂是以百萬片的威尼斯式馬賽克組成，圍繞在清真寺周圍的鹽水湖中，有一艘16世紀皇家船隻的石船，當作宗教儀式場地使用。其後背景是豪華、氣派的Yayasan購物中心。

【1,000汶萊元正面】

◎中間為Akar花

【 1,000汶萊元背面 】
◎汶萊財政部大樓。因石油帶來龐大收入，人民不需納稅，政府提供居住、教育、醫療，全部免費，生活水準大幅提升。

 一鈔一世界

由鈔票上可以很明顯的得知，汶萊接近赤道，是個以擁有熱帶雨林為傲的國家，他們重視環境與大自然，並視它們為國家的資產，也因為汶萊的土地大部分為森林，其他國家所沒有的特有植物相當多，藉此反映在鈔票上面，以供大家對他們國家有更進一步的認識。

由於汶萊是信仰伊斯蘭教的國家，在鈔票上可以看到富麗堂皇，高大圓頂的清真寺，有名的清真寺還用蘇丹名字命名。又因汶萊有豐厚之石油，所以鈔票正面的蘇丹富甲亞洲，自1968年8月1日登基，已近半世紀（見附圖之登基紀念鈔），人們也安然地、悠閒地、快樂地生活。在鈔票上尚可見極盡奢華之購物中心及支持各項福利支出的財政部，這是「小而美，小而富」的國度。

【附圖】1992年版的蘇丹登基25周年紀念鈔

柬埔寨 美哉吳哥
Cambodia

⑤ ⑩ 50 100

面積：18.1萬平方公里（世界第88）
人口：約1,500萬人（世界第65）
首都：金邊（Phnom Penh）
幣值：瑞爾（KHR）
　　　　1美元≒4,100KHR

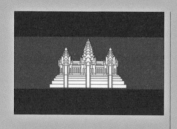

柬埔寨脫離法國獨立後採君主立憲，國王是國家象徵，由於政變內亂不斷發生，因此國旗的設計經常改變，但不管怎麼更改，國旗的代表圖案——吳哥窟仍是不變，因為吳哥窟是柬埔寨最值得誇耀的歷史建築。柬埔寨曾為法國殖民地，也用法國青、白、紅三色。柬埔寨久經戰亂，經濟凋敝，百廢待興。現以旅遊業、製衣業、建築業及農業為四大支柱，隨著政局穩定，已成為新興投資據點。

【50瑞爾正面】

◎柬埔寨國家博物館建於1917-1918年間，是一座典型的柬埔寨風格紅色建築，館內陳列柬埔寨不同年代的珍貴歷史文物和藝術珍品。

【50瑞爾背面】

◎柬埔寨的洞里薩河全長110公里，位於柬埔寨中心，後與湄公河、巴薩河交會，亦是世界唯一一條因不同季節而逆轉流向的河。

【100瑞爾正面】

◎施亞努前國王（Norodom Sihanouk）年輕時，削髮為僧的外表。（註：小乘佛教一輩子都要當一次和尚再還俗。）

【100瑞爾背面】

◎佛教聖地──玉佛寺（Wat Preah Keo），右側為供奉之佛像。

【500瑞爾正面】

◎現任國王諾羅敦・西哈莫尼（Norodom Sihamoni, 1953-）肖像

【500瑞爾背面】

◎日本援助興建的Kizuna大橋，Kizuna是日語，意味「不可割捨」的情誼，它是湄公河上第一大橋。

【1,000瑞爾正面】
◎百茵神廟
世界文化遺產吳哥窟（Angkor
Wat），由54座大小不等的寶塔所
構成，每座寶塔的頂端皆雕有四
面微笑的佛陀臉孔，被稱為「高
棉微笑」。是花了一個世紀才完
成的偉大建築。此為吳哥窟入口
處之凱旋門（Victory Gate）。

【1,000瑞爾背面】
◎施亞努港（Sihanoukville）
油輪碼頭和油庫是柬埔寨實施開
放政策和經濟自由化的成果，為
工業區、加工區、自由貿易區的
開發，吸引外資。

【2,000瑞爾正面】
◎世界文化遺產——柏威夏神廟
（Preah Vihear Temple）位於泰柬
邊界。由於歷史情結，國際法院於
1962年裁定神廟屬於柬埔寨，但泰
國掌控進出神廟的主要通道。

【2,000元瑞爾背面】
◎農民收割，每年有大量稻米外
銷。背景是吳哥窟（Angkor Wat）。

【5,000瑞爾正面】
◎前柬埔寨國王　諾羅敦‧施亞努（Norodom Sihanouk, 1922-2012）
施亞努為諾羅敦和西索瓦兩大王族的後裔，早年曾於越南西貢和法國巴黎的索繆爾騎兵軍事技術及裝甲兵學院接受高等教育。1952年至1953年，他曾以柬埔寨國王的身分向法國提出獨立要求，並於1953年11月9日完全獨立。1955年4月，他代表柬埔寨出席萬隆亞非會議，並宣告柬埔寨為中立國。在其父1963年去世後，施亞努宣誓就職國家元首，1970-1975年面臨龍諾政府，1975-1993年赤柬革命，1993-1997年內亂頻仍，1998年重回柬埔寨，受到人民擁戴。2004年退位成太上皇，由其子西哈莫尼（Sihamoni）繼任新國王，2012年10月病逝中國北京，享年89歲。2013年農曆新年火化，結束傳奇一生。

【5,000瑞爾背面】
◎龍橋

【10,000瑞爾正面】
◎柬埔寨現任國王諾羅敦‧西哈莫尼。

【10,000瑞爾背面】
◎吳哥窟內之涅盤寺（Preah Neak Pean）

【20,000瑞爾正面】
◎現任國王　諾羅敦‧西哈莫尼（Norodom Sihamoni, 1953- ），2004年由其父禪讓而登基。

【20,000瑞爾背面】
◎右側是吳哥窟中心的巴戎寺（Bayon Temple）前的四面佛，背景為吳哥窟之鳥瞰。

【50,000瑞爾正面】

◎施亞努前國王（1922-2012）。請參閱5,000元正面介紹。其左側為五頭龍。

【50,000瑞爾背面】

◎歷史古蹟——貢開遺址（Koh Ker Ruins）

【100,000瑞爾正面】
◎施亞努太上皇及莫尼克（Monique）皇太后，左下方是象徵王權之九頭蛇。

【100,0000瑞爾背面】
◎施亞努太上皇及皇太后禪讓王位給其子──西哈莫尼國王（2004.10），祝福登基場景。

一鈔
一世界

束埔寨是個相當重視文化遺產的國家，雖然經濟狀況不如其他亞洲國家來得強盛，但是對於吳哥窟這座歷史悠久的古蹟，珍惜有加。吳哥窟與印度泰姬瑪哈陵、中國萬里長城、印尼婆羅浮屠並稱「東方四大奇跡」，這是一組巨大建築群，精雕細琢的程度，讓人難以相信。

對於其他傳統藝術建築物，束埔寨人也感到十分驕傲，不但帶來龐大的觀光事業，還因此讓束埔寨的名聲傳遍世界，值得他們繼續維護下去。

束埔寨地處熱帶，作物經年能生長，加上肥沃紅土，不息河流，故在鈔票上可看到農業收成及河流上的橋梁。

雖然束埔寨是君主制，在鈔票正面的施亞努國王並不好過，由於連續爆發激烈內戰，不得不亡命國外。內戰期間，地雷遍布各地，因而有世界最大地雷場之稱，數以萬計的人因而喪生。施亞努最後因年老多病而禪讓，當上太上皇，在2012年10月病逝中國北京，遺體運回，用天鵝金舟行經王宮，百姓夾道送別（見附圖之逝世紀念鈔）。近年，美元已成束埔寨主要流通貨幣，束鈔幾乎成了輔幣。

【附圖】

東帝汶 重整新島
East Timor

⑤ ⑩ 50 100

面積：1.5萬平方公里

人口：約120萬人

首都：帝利（Dili）

幣值：先前採用葡萄牙統治的厄斯
科多（Escudo），獨立後
採行美元（USD）

黑色象徵過去所受的殖民壓迫，黃色代表爭取獨立，紅色是爭取獨立而流的鮮血，黑色三角形上的白色五角星代表著國家的和平與希望。

東帝汶其實也是泛印尼人種，因為葡萄牙殖民，居民改信天主教，與印尼之伊斯蘭教水火不容，故積極爭取獨立，是一極度貧窮的國家。

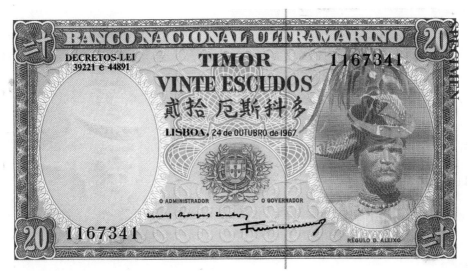

【20厄斯科多正面】

◎東帝汶民族英雄　堂‧亞力克斯（Requlo Dom Aleixo, 1886-1943）。出身東帝汶土著貴族，遊學葡萄牙，接受天主教。1942年（二戰）日軍進占東帝汶，亞力克斯起而抗日，1943年被俘虜並殺害，當地人推崇為民族英雄。

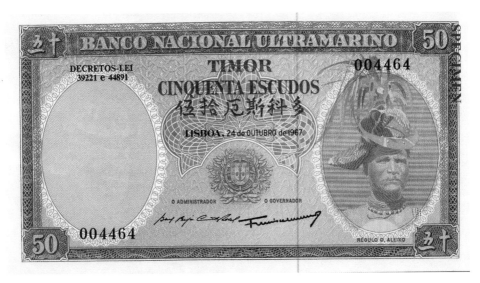

【50厄斯科多正面】

【 100厄斯科多正面 】

【 500厄斯科多正面 】

【 1,000厄斯科多正面 】

【20厄斯科多背面】
◎國徽

【50厄斯科多背面】

【100厄斯科多背面】

【500厄斯科多背面】

【1,000厄斯科多背面】

一鈔
一世界

這是東帝汶最後一套紙鈔，身穿土著居民服裝，充滿本土化特色，因當地華人有一定影響力，票面也有中文字樣。它曾受葡萄牙殖民、印尼強占，2002年5月20日獨立後，不再發行本國鈔票，而使用美元。東帝汶原先的20元、50元、100元、500元、1,000元正背面圖案均相同。

印尼 香料群島
Indonesia

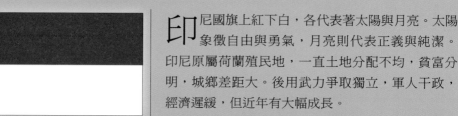

中國譯名：印度尼西亞
面積：190萬平方公里（世界第14）
人口：約2.53億人（世界第4）
首都：雅加達（Jakarta）
幣值：印尼盾（Rupiah IDR）
　　　1美元≒13,500IDR

印尼國旗上紅下白，各代表著太陽與月亮。太陽象徵自由與勇氣，月亮則代表正義與純潔。印尼原屬荷蘭殖民地，一直土地分配不均，貧富分明，城鄉差距大。後用武力爭取獨立，軍人干政，經濟遲緩，但近年有大幅成長。

　　印尼的資源有森林、橡膠、石油、銅、錫、鎳、咖啡、茶葉、旅遊業，是世界最大的群島國，經常發生地震，並有甚多火山，人口居世界第四，不少人赴海外當移工。

【1,000印尼盾正面】
◎印尼民族英雄穆蒂亞（Tjut Meutia, 1870-1910）
她是在亞齊比區與丈夫一齊反抗荷蘭殖民統治，丈夫過世後，繼續領導人民抵抗，最後被射殺。為了紀念其英勇，1964年政府宣布為印尼的國家英雄。

【1,000印尼盾背面】
◎馬魯古島的蒂法舞（Tifa）
背景是班達奈拉（Banda Neira）的自然風光及蘭花。

【2,000印尼盾正面】
◎胡斯尼・譚林（Hoesni Thamrin, 1894-1941）
他曾是荷屬印尼時期的人民議會議員，在任期中大力結合其他民族主義人士，推動印尼之獨立。

【2,000印尼盾背面】
◎蘇門答臘的盤子舞（Tari Piring）
背景是西亞諾克峽谷（Sianok Canyon）及黃蘭。

【5,000印尼盾正面】
◎政治家伊哈姆・哈立德（Idham Chalid, 1921-2010）
印尼獨立後擔任人民協商會議主席，多部部長及副總統職位，逝世後被追授為民族英雄。

【5,000印尼盾背面】
◎爪哇島的岡比雍舞（Gambyong）
背景是布羅莫火山及晚香玉。

【10,000印尼盾正面】
◎政治家弗蘭斯‧凱西埃波（Frans Kaisiepo, 1921-1979）
推動荷屬新幾內亞（新巴布亞）加入印尼共和國，對於印尼的統一有傑出貢獻。

【10,000印尼盾背面】
◎蘇拉威西島的帕卡雷納舞（Pakarena）
背景是瓦卡托比國家公園及木蘭。

【20,000印尼盾正面】
◎薩姆・拉圖蘭古（Sam Ratulangi, 1890-1949）
大力支援印尼獨立運動，獨立後擔任西蘇拉威西省省長。

【20,000印尼盾背面】
◎加里曼丹的貢舞
背景是德拉旺群島風光及黑蘭（Coelogyne pandurata）

【50,000印尼盾正面】
◎政治家朱安達（Juanda Kartawijaya, 1911-1965）
擔任印尼第11任、第17屆內閣總理兼國防部長，執政期間積極推動獨立自主的對外政策，對內團結各黨派，重視經濟建設，維護印尼的獨立和統一。

【50,000印尼盾背面】
◎巴里島的蕾貢舞（Legong）
背景為科莫多國家公園及雞蛋花。

【100,000印尼盾正面】

◎左側為第一任總統艾哈萬德‧蘇卡諾（Achemd Sukarno, 1901-1970），亦被尊稱為印尼國父，他的女兒後來也當選印尼總統。右側為第一任副總統穆罕默德‧哈達（Dr. H. Mohammad Hatta, 1902-1980）

1942年爪哇的荷蘭人在印尼結束統治，接著進入了三年半的日本占領時期。當美國在廣島投下第一顆原子彈後，印尼當時出現政治空隙。獨立準備委員會領導人蘇卡諾與哈達，起草獨立宣言，並於8月17日宣布印尼獨立，升起紅白旗，大唱「大印度尼西亞歌」，選舉蘇卡諾和哈達為正、副總統。

印尼昔日的宗主國荷蘭，準備再度侵入印尼，恢復殖民政權。但是印尼人民堅持抗爭，最後荷蘭企圖以武力解決卻失敗了，1949年8月23日，同意印尼獨立。荷蘭向印尼移交主權之後，蘇卡諾受任命為總統，哈達受任命為副總統，開始實行議會民主制度。

【100,000印尼盾背面】

◎雅加達的巴達維亞舞

背景為拉賈安帕特群島（Raja Ampat Islands）風光及蝴蝶蘭。

**一鈔
一世界**

16世紀末，荷蘭成為海上霸權，建立了荷屬東印度，對印尼殖民統治，第二次世界大戰中，1942年日本占領印尼，一直到1949年才爭取獨立成功。印尼人很重視歷史，很多話題與爭取獨立的歷史有關，在鈔票正面均是，2016年新版與2013年舊版各呈現不同之民族英雄。

　　印尼以「千島之國」聞名於世，並有五多──島多、海多、火山多、雷雨多、植物多，在鈔票背面的背景景觀顯示印尼之美。

印尼人喜好雕刻、歌唱、舞蹈，在鈔票背面可見舞技精湛者。

印尼最大面值是10萬元，流通諸多不便，央行考慮貨幣改值，去掉3個零，期待簡化面額，提升交易效率。

【附圖】1995年5萬印尼盾之紙鈔，中為印尼強人蘇哈托總統（執政32年），兩旁背景圖案顯示印尼在旅遊、農業、基礎設施、教育、航空、人造衛星、石油勘探、石油工業、人才培訓均有重大進展。

寮國 湄公之珠
Laos

中國譯名：老撾
面積：23.7萬平方公里（世界第85）
人口：約700萬人
首都：永珍（Vientiane）
幣值：基普（LAK）
1美元≒8,200LAK

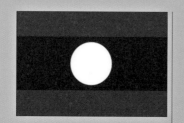

紅色象徵鬥爭時所流的鮮血，藍色代表湄公河，也象徵繁榮與進步，白色則象徵和平與佛教，也代表滿月。寮國是東南亞唯一的內陸國，1945年脫離法屬獨立，原為王國，1975年被推翻，改為實施社會主義，一向以米倉著稱，卻陷入缺糧與飢荒。

　　主要出口以木材及木製品為主，也因地形關係興建水壩，電力可輸出鄰國，一般人民生活十分貧窮。

【1,000基普正面】

◎鈔票左側是穿著傳統衣飾的寮國年輕女子，寮國全國約60多種族，寮族占一半以上，次為中高原寮族占四分之一，低地寮族占十分之一，其餘為眾多之山地族。

背景為寮國最大佛塔——塔鑾（Pha That Luang），1560年建於謝塔提臘王朝，傳說塔內存放釋迦牟尼的胸骨。寮國將每年11月中旬定為塔鑾節，在這裡舉行盛大的宗教儀式。塔鑾主體建築分為三層，第二層四周環繞著30座佛塔，第三層四個角落各有一座佛塔，正中央的佛塔最為巍峨。在寮國的寺塔之中，塔鑾最為宏偉，其重要性亦最高，是歷代國王和高僧存放骨灰之所，為全寮國人民頂禮膜拜中心。右上是國徽。

【1,000基普背面】

◎家畜——牛

寮國人大多以農業為生，飼牛耕作，土地豐沃，對於農業之發展相當隨興，播種、飼養牲畜，只要日子過得去，就能心滿意足，好像與世無爭一般。

【2,000基普正面】

◎前寮國總理和共產黨創建者　凱山‧豐威漢（Kaysone Phomvihane, 1920-1992）

凱山在寮國人民革命黨的手中，1975年從保守派的政府取得政權，建立一個一黨專政的政府，並出任總理。對內實施嚴格的政治控制，推翻寮國固有君主世襲制，仿照越南與中國的共產黨政治制度模式，以黨領政、以黨領軍，對外採取封閉的外交政策，成立「人民革命政府」，更改國號為「寮國人民民主共和國」，結束王室制度，成為共產國家。

【2,000基普背面】

◎水力發電廠

因寮國地理位置處於中南半島中心，利用孔巴坪瀑布（有亞洲尼加拉瓜瀑布之稱）的落差，發展水力發電。電力一向為該國主要的工業產品，除了能供應國內自用外，還可以輸至鄰近地區，寮國盼成為中南半島之供電中心，藉此賺取大量外匯，目前可說是國家主要收入來源之一，正打算更積極興建多個水力發電廠，提升電力產值。

【5,000基普正面】
◎前寮國總理和共產黨創建者　凱山‧豐威漢（Kaysone Phomvihane, 1920-1992）
背景是塔鑾。

【5,000基普背面】
◎以前寮國水泥全是進口，1995年寮國第一座年產8萬噸萬榮水泥廠（Cement Factory In Vang Vieng）建廠生產，寮國擁有自己的水泥工業，根本解決水泥缺口，替代進口水泥。

【10,000基普正面】

◎前寮國總理和共產黨創建者　凱山‧豐威漢（Kaysone Phomvihane, 1920-1992）

背景是寮國最大佛塔——塔鑾（Pha That Luang）。左上是國徽。

【10,000基普背面】

◎友誼大橋

位於寮泰邊境，跨越湄公河連接泰國龍開和永珍，不少泰國人喜歡跨橋到物價低廉的寮國消費。它是由澳洲政府捐贈，歷時四年才完成，可說是寮國最現代化的橋梁，也因此成為觀光客的參觀之地。站在湄公河旁仰望友誼大橋，與滔滔的湄公河互襯，別有一番雄偉的氣象。

【20,000基普正面】
◎前寮國總理和共產黨創建者　凱山‧豐威漢（Kaysone Phomvihane, 1920-1992）背景是皇宮內的玉佛寺（Haw Pha Kaew）。

【20,000基普背面】
◎中南半島推出湄公河流域開發計畫，高舉「戰場走到市場」跨國合作。鈔票上為水力能源發電廠，電力可賣給鄰國。

【50,000基普正面】
◎前寮國總理和共產黨創建者　凱山‧豐威漢（Kaysone Phomvihane, 1920-1992）
背景是寮國最大佛塔──塔鑾（Pha That Luang）。

【50,000基普背面】

◎首都永珍，還保留不少法國殖民時期的歐式建築物，鈔票上的建築物是總統府。

【100,000基普正面】

◎前寮國國家主席及總理和共產黨創建者　凱山‧豐威漢（Kaysone Phomvihane, 1920-1992）
背景右側是寮國大佛塔。5,000元、10,000元、50,000元、100,000元背景右側是香通寺，2,000
元、20,000元是玉佛寺。

【100,000基普背面】
◎前國家主席豐威漢的博物館（Kaysone Phomvihane Museum），館前有其全身塑像。

一鈔一世界

寮國近700萬人，有60多種民族（1,000元正面）。它是個內陸國，全國沒有鐵路及出海口，交通運輸靠公路及水運（10,000元背面），主要產業有鋸木、水泥（5,000元背面）、碾米、紡織、發電（2,000元背面），農業占最大產值，主要是水稻，畜牧業也很發達，飼養黃牛、水牛（1,000元背面）。

鈔面的正面全是寮共創建者，但其背景全用佛教古寺廟，其中塔鑾是最著名的佛教聖地。

寮國鈔票面額都很大，隨便一數就是「百萬元戶」。

在此特別介紹一張寮國早期有趣的鈔票：

當年寮國捲入了越戰，美軍用飛機投下無數的炸彈，寮國發行了一張神勇的「步槍打飛機」500元的鈔票。因為步槍的射程有限，而飛機與人之間的相對速度快，把握瞬間，從容瞄準，幾乎是種「神話」，用輕武器射擊飛機也是無奈的選擇。

馬來西亞 珍貴雨林
Malaysia

⑤ ⑩ 〔50〕 〔100〕

面積：33萬平方公里（世界第66）
人口：約3,030萬人（世界第43）
首都：吉隆坡（Kuala Lumpur）
幣值：令吉（MYR）
　　　　1美元≒4.3MYR

紅白相間的十四條線及十四角的星星，是指獨立時期共有十四個州（後來新加坡獨立），弦月則是伊斯蘭教國家的象徵。黃色象徵國家至上，藍色象徵團結（在伊斯蘭教國家甚少用黃、藍色），紅色象徵勇氣，白色象徵純潔。現有十三州，世襲蘇丹有九位，輪流當國王。馬來西亞有二大族群，馬來人涉入政治，華人致力經濟。馬國資源豐富，有木材、橡膠、錫礦、石油，並大力推動製造業，且建造多媒體超級走廊、世界最高雙子星大樓、國際機場、國際賽道、南北大道。期許2020年成為先進國家。

【1元令吉正面】

◎端姑・阿都・拉曼（Tuanku Abdul Rahman 1895-1960）

原為森美蘭州蘇丹，被選為馬來西亞第一任最高元首（1957-1960），起草馬來西亞獨立憲法，同意馬來西亞元首由馬來亞各州君主輪流擔任。現所有馬幣鈔票正面，皆印有其肖像。

中下為馬來西亞的國花——扶桑花（Hibiscus），當地人稱為「大紅花」。花朵鮮艷奪目，為典型熱帶花卉。

【5令吉正面】

【20令吉正面】

【10令吉正面】

【50令吉正面】

【100令吉正面】

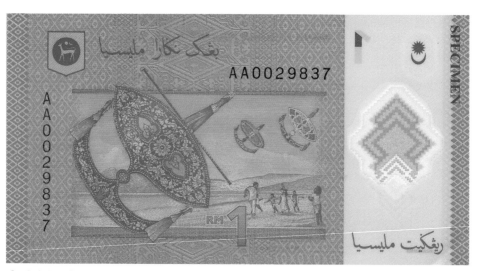

【1令吉背面】

◎馬來西亞人自古以來就喜歡放風箏，人們喜好的形狀就是鈔票上的月亮風箏（Wha Bulan），因形似月亮得名。馬人相信隨著風箏升高，就會得到幸福，全國常有風箏比賽，馬航還當作公司標誌（LOGO）。

【5令吉背面】

◎馬來西亞國鳥——馬來犀鳥（*Buceros rhinoceros*）

馬來犀鳥是一種長壽鳥，可活35歲（一般鳥的壽命平均在10年上下，信天翁及金剛鸚鵡則能活過一甲子），雄鳥是紅眼，雌鳥是白眼，外型美麗。

沙勞越有「犀鳥之鄉」美譽。

【10令吉背面】

◎世界上最大的花——霸王花（Rafflesia）

又名大花草，無根無莖，花直徑可達1.5-3公尺，生長在馬來半島及婆羅洲，開花時奇臭無比，花期不足兩天，且極少開花，花乾燥後具清肺、止渴、化痰之效。

【20令吉背面】
◎馬來西亞海生動物——玳瑁（Hawksbill）及稜皮龜（*Dermochelys coriacea*）

前者與海龜大致相似，生活在珊瑚區，主食是海綿，其甲可做飾品及雕刻工藝，近年來數量遽減，列為保育類，禁止捕獵。

後者又稱革龜，體長三公尺，體重800公斤，是海中巨無霸之龜類，分布於熱帶太平洋，屬於嚴重瀕臨絕種類，受到國際保護。

【50令吉背面】
◎馬來西亞第一任首相端姑‧阿都‧拉曼（Tunku Abdul Rahman）於1957年宣布馬來西亞獨立的歷史鏡頭。

拉曼後被尊為馬來西亞國父、獨立之父。其人與正面的第一任最高元首（國王）是不同人，名字很相近（Tuanku Abdul Rahman），即第一個字多了a字母。

左側是馬來西亞特產棕櫚樹，原產於西非，18世紀起傳來，青出於藍。它又從棕果熔取棕櫚油，馬來西亞是世界生產最多的國家，大量外銷。

中間為微生物的圖像，馬國已成為東南亞研究微生物的重鎮，範圍含生物化學、免疫學、血清及遺傳學，從傳統產業到生物科技，提升附加價值。

【100令吉背面】
◎左側是馬來西亞最高峰京那巴魯（Gunung Kinabalu），位於沙巴，又稱神山或中國寡婦山，高4,095公尺，也是東南亞最高的山，聯合國列為「世界自然遺產」。
右側是在沙勞越姆魯山（Mt. Mulu）國家公園的崢嶸怪石，該公園有全球最大地穴——砂拉越洞窟（Sarawak Chamber），洞穴奇觀，令人嘆為觀止。

 一鈔一世界

此版之主題是獨特多元的馬來西亞（Distinctive Malaysia）。

十六世紀起，馬來西亞先後受葡萄牙、荷蘭、英國統治，20世紀初則完全淪為英國殖民地。二次世界大戰中被日本占領，戰後恢復歸於英國。1957年8月31日宣布馬來亞（西馬）獨立。1963年9月16日聯合新加坡、沙勞越、沙巴（東馬）組成「馬來西亞聯邦」。首任之國王拉曼（Rahaman）就是本系列鈔票正面之人物（馬來西亞由9個州的蘇丹輪流當國王）。

馬來西亞地處兩洲（亞洲、大洋洲）、兩洋（印度洋、太平洋）交會。在陸上，森林占四分之三，5元、10元、50元鈔票背面皆是森林中之產物，至於20元就是海洋生物。「東馬」都是丘陵及高山，其中有東南亞最高峰，在100元鈔票背面可見主峰雄踞南天。

馬來西亞是一多民族組成的國家，反映著多元文化和習俗，其中馬來人占三分之二，他們有放風箏的習俗（1元鈔票背面）。當然，華人的春節、印度人的屠妖節都被尊重。

馬來西亞有多采多姿的熱帶風光、千姿百態的山水、奇異特殊的動植物，不同民族交織的文化習俗，吸引著世界各地的旅遊者。馬來西亞的三大外匯收入——石油、棕油、觀光，在此藉著鈔票，神遊一番。

緬甸 佛塔之國
Myanmar

(5) (10) [50] [100]

面積：67.7萬平方公里（世界第39）

人口：約5,400萬人（世界第24）

首都：奈比多（Nay Pai Taw）

幣值：緬元（MMK）

　　　　1美元≒1,357MMK

緬甸國旗原與中華民國國旗最相近，將白日改為稻穗（農業）、齒輪（工業），環繞十四顆星（十四行省）。

　　2010年10月21日改成黃、綠、紅三橫線與立陶宛同，但中間加一大白星。綠色是農業，黃色是礦業（寶石），紅色是熱血、果敢，大白星則是永恆之意。聯合國將緬甸列為最不發達的國家之一。

【1緬元正面】
◎護法聖獅（Chinthe），它是半獅半龍的神獸，是吉祥的標誌，在緬甸仰光大金塔可以見到，緬甸人稱它為Thihathana。

【5緬元正面】

【20緬元正面】

【10緬元正面】

【50緬元正面】

【100緬元正面】

【200緬元正面】

【500緬元正面】

【1,000緬元正面】

【1緬元背面】
◎在伊洛瓦底江行舟競賽

【5緬元背面】

◎藤球源於十五世紀之麻六甲，它是用藤編織的球，人們在工作之餘圍成一圈，用頭頂、用腳踢，使之不落地。此一運動很快在東南亞展開，此技術要身體柔韌度夠，深具觀賞性，緬甸人非常喜歡和重視藤球這項運動，不僅觀看比賽的人多，而且親身參與其中的人也不少。

【10緬元背面】

◎龍舟佛塔

這座在水中的龍舟佛塔很有名，古色古香，由龍首及龍尾塔基、鐘座、蓮座、寶傘主塔構成，在陽光下，金碧輝煌；在月色裡，如夢如幻，點綴在湖中，顯示小乘佛教之文化。

【20緬元背面】

◎這是緬甸有名的白象噴泉，噴泉噴出似朵朵蓮花，如佛祖乘蓮花而來(在佛教——白象代表力量，是普賢菩薩坐騎；獅子代表智慧，是文殊菩薩坐騎)。此巨大的白象噴泉四周是綠草如茵的草地及無數的階梯（左側）。

【50緬元背面】

◎緬甸漆器、陶藝、玉器、牙雕手工藝高超，因為擁有許多天才藝術家及手工業工人，世代遺留下來的技術所製作的精巧作品，深受歡迎。

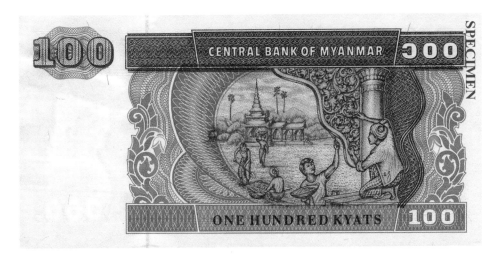

【100緬元背面】

◎緬甸是個佛教無所不在的國家，佛塔多、廟宇多、和尚多，男生一生要出家三次（年幼報父母恩，及長為結婚，中年為未來世），全國約50萬僧侶。而緬甸之所以有這麼多佛塔，是因為其人民的信念認為建佛塔能造福蒼生，修福來世，只要存點錢皆花在建塔拜佛上，造就緬甸精湛的佛塔建築藝術及佛塔文化。

【200緬元背面】

◎緬甸大象

緬甸森林覆蓋率達50％以上，林區有硬木、柚木（國樹），大象力氣很大，被譽為活的起重機，人們利用大象深入叢林中，用牠們來搬運木頭及做勞力的工作，或表演節目，還把牠們裝飾得金碧輝煌，節慶用來供乘坐遊街。

【500緬元背面】
◎緬甸有「萬佛世界」之稱，到處雕塑形態各異的佛像，或銅雕、或石雕、或木雕，不一而足，從中可領略緬甸技法與風格。

【1,000緬元背面】
◎中央銀行
緬甸外債沉重，日本為最大債權國，其次則是德國。緬甸共有五家主要銀行，分別是緬甸中央銀行、緬甸農業銀行、緬甸經濟銀行、緬甸外貿銀行和投資與商業銀行，每家銀行個別服務不同的經濟活動，現在緬甸已經開始允許私人開辦銀行和外國銀行在緬甸設立辦事處。

【5,000緬元正面】
◎緬甸大象（可參考200元之說明）。

【5,000緬元背面】
◎緬甸新都奈比多（Nay Pai Taw）之聯邦議會〔註：之前首都是仰光（Yangon）〕。

【 10,000緬元正面 】
◎緬甸傳統之花飾

【 10,000緬元背面 】
◎緬甸曼德勒皇宮（Royal Palace, Mandalay, Myanmar），呈正方形，每邊兩公里，即皇宮面積四平方公里。
曼德勒是緬甸第二大城市，位於伊洛瓦底江上游，距仰光一小時飛行時間。

一鈔一世界

緬甸是一佛教國家，一般男子在孩童、青年、中年大多要當和尚。進入廟宇一定要脫鞋，信仰極為虔誠。在鈔票上可看到聖獅（鈔票正面）及聖象（5,000元正面），與佛教有關之廟宇、建築、雕塑在鈔票的10元、20元、50元、100元背面皆可見。

緬甸是中南半島最大國家，地形呈南北走向，其中有濃密森林，借助大象搬運木材，特別是柚木，最具經濟價值（200元背面）。

新增之高額鈔票（1,000元、5,000元、10,000元）則多是政治建築。緬甸金融體系不發達，日常經濟皆是現金交易，發行高額緬元，使用現金結算更方便。

在本系列鈔票之前，緬甸係由尼溫軍政府主政，極度迷信的尼溫認為9是他的幸運數字，居然發行90元鈔、45元鈔（90÷2）及75元鈔、15元鈔（75+15），使用極為不便（見附圖），在尼溫下臺後，這套特殊面額的鈔票就被新版貨幣取代，不僅恢復50元及100元鈔，也逐年增發大面額的200元、500元、1,000元、5,000元、10,000元。

【附圖】

15元

45元

75元

90元

菲律賓 千島珍珠
Philippines

⑤ ⑩ 〔50〕 〔100〕

面積：30萬平方公里（世界第72）

人口：約1億人（世界第12）

首都：馬尼拉（Manila）

幣值：披索（PHP）

　　　　1美元≒51PHP

紅色象徵勇氣，藍色表示和平，白色代表平等，三角形代表反抗殖民統治。太陽代表是亞洲國家，其中八道光芒代表最早發起獨立運動的八個省分，白色三角形內的三顆五稜星代表菲律賓的三大島嶼——呂宋島、民答那峨島及比薩亞島。受美國影響，也是星條旗的一支。

　　菲律賓曾先後受西、美、日統治，之後脫離不了對美國的依賴。菲律賓為作戰時期全球唯一國旗掛法有不同意涵的國家。在戰亂時，紅色向上象徵勇往直前的民族氣概。

　　2010年9月24日菲律賓總統艾奎諾三世在紐約畢爾道夫飯店參加美國與東南亞國協高峰會時，就發生美國大使館人員誤把紅色放上方的糗事，美國政府還為此道歉。

【20披索正面】

◎曼努埃爾‧奎松（Manuel L. Quezon, 1878-1944）

奎松在世時，菲律賓仍隸屬美國，奎松為菲律賓自治政府體制下的第一任總統。原本他擔任的總統一職期限只有六年，但由於憲法修正案擴大，允許期限增長為八年。他一生為菲律賓脫離美國獨立而呼號，第二次世界大戰時，日本侵入菲律賓，奎松在美國華盛頓特區建立聯邦政府及總部，成為太平洋戰爭委員會的一員。1944年，奎松死於肺結核，最初被埋葬在阿靈頓國家公墓，而後被移置到馬尼拉北部，且在奎松市豎立紀念碑。1946年7月菲律賓正式獨立。

背景右側是總統府馬拉坎南宮（Malacanang Palace），左側是1935年菲律賓語（Filipino）成為國語，人們歡聲雷動之場景。

【20披索背面】

◎圖中是狸貓（Palm Civet），臉酷似狸，性情溫和，惹人憐愛，經其吞食之咖啡豆經腸子發酵排出是上等咖啡豆（麝香咖啡）。

背景右上是柯迪勒拉（Cordillera）之水稻梯田（Rice Terraces），規模世界第一，被列為世界遺產。右側是柯迪勒拉的地方編織，左側是菲律賓版圖。

【50披索正面】

◎塞爾西奧‧奧斯梅納（Sergio Osmena, 1878-1961）

在菲律賓仍屬於自治政府體制時，奧斯梅納原本擔任副總統一職，但由於當時的總統奎松在任職期間過世，因此由他代理而變成菲律賓第二任總統（1944-1946）。奧斯梅納從年輕時成為律師，競選州長到被選為國會議員，這一路走來，深受人民信任，致力爭取國家自由，最後菲律賓得以成立共和國。

背景右側是美國麥克阿瑟（Mac Arthur）將軍於1944年10月20日在萊特島（Leyte）登陸，實踐「我會回來」的諾言，左側是1907年召開第一次國民大會場景。

【50披索背面】

◎正中是菲律賓國寶魚——馬里普托魚（Maliputo Fish），背景為塔阿爾湖（Taal Lake），右側為Batangas地方之編織，左側為菲律賓版圖。

【100披索正面】

◎第一任總統曼努埃爾‧羅哈斯（Manuel A. Roxas, 1892-1948）

羅哈斯在奎松在位期間，擔任財政祕書。在第二次世紀大戰爆發時，他負責幫助菲律賓聯邦政府和美國陸軍聯繫，並監督菲律賓貨幣交易不受日本破壞與影響。戰後他與副總統奧斯梅納一同被提名總統候選人，以54%的表決贏得菲律賓共和國第一任總統。

背景右邊是1946年7月4日第三共和就職典禮，左邊是菲律賓中央銀行。

【100披索背面】

◎正中是鯨鯊（Whale Shark），背景是呂宋島活火山馬榮火山（Mayon Volcano），左側是菲律賓版圖。右側為比科爾島（Bicol）的地方之編織。

【200披索正面】

◎總統　迪奧斯達多·馬卡帕加爾（Diosdado P. Macapagal, 1910-1997）

馬卡帕加爾活躍政壇多年，1961-1965擔任總統，身為總統的他，除了發揮外交、內政長才之外，還提出適合的管理模式，提升菲律賓的經濟成長率，並且將失業率降到最低。在外交方面，提出亞洲問題應該由亞洲國家自行解決；在內政方面，實施農田改革、廢除租借規定。

背景右側是菲律賓第一部憲法之誕生地──巴拉索延教堂（Barasoain Church），右側是菲律賓共和國首任總統阿奎那多的故居（Aguinaldo Shrine）。

【200披索背面】

◎正中是眼鏡猴（Tarsier），為最小的猴子種類，身長約10公分，眼睛如滿月，其活動範圍在薄荷島列保護區。背景是巧克力山（Chocolate Hills），圓錐山形，石灰岩似咖啡色，是天下奇景，右側是Visayas地方的編織，左側是菲律賓版圖。

【500披索正面】
◎菲律賓首位女總統柯拉蓉‧艾奎諾（Corazon Aquino, 1933-2009）與她的丈夫，菲律賓政治家及前參議院議員貝格諾‧艾奎諾（Benigno Aquino, 1932-1983）。

艾奎諾是菲律賓一位帶領反抗馬可仕總統的政治家，早年是記者出身，1967年當選為議員，並成為反對黨領袖。由於當時馬可仕總統宣布進入緊急戒嚴時期，同時取消了憲法，並要求拘留他的政治對手，艾奎諾在1973年成為了總統選舉的關鍵人物。Aquino從美國返回菲律賓，卻在馬尼拉的機場被人刺殺，這件事引發全國人民不滿，大家紛紛集結反抗馬可仕，並牽扯出此事件與許多軍事官員有關，使得馬可仕失去人民的信任。他的死導致馬可仕的倒臺及其夫人就任菲律賓總統。艾奎諾夫人被視為民主的象徵，地位崇高，各界敬重，2009年死於腸癌，享壽76歲。

〔註：鈔票上之簽名正是他們的兒子，菲律賓前任總統艾奎諾三世，一家三口齊上鈔票。背景中下是貝格諾‧艾奎諾的紀念碑，左下是1982年2月發生人民力量革命運動（People Power Revolution），致馬可仕總統下臺。〕

【500披索背面】
◎正中是藍頸鸚鵡（Blue-naped Parrot），背景是普林賽薩地夏河國家公園（Puerto Princesa Subterranean River National Park），已列世界自然遺產，右側為菲律賓南部地區的編織，左側為菲律賓版圖。

【1,000披索正面】

◎三人肖像

左上何塞‧阿巴德‧桑托斯（José Abad Santos, 1886～1942），他年輕時，擔任臨時幹事和法院口譯員，1918年成為國家銀行的特別律師，並接下第一議會的顧問。第二次世紀大戰時，他被任命為財務、農業和商務的代理祕書，替奎松政府效忠，受任命為最高法院大法官時被奎松總統誇為「最純淨、最有能力的人」，不幸被日本逮捕，誓死不服從敵人。右側文森特‧利姆（Vicente Lime, 1888-1945）畢業於美國軍校，日軍入侵時任將軍，積極抵抗，為日軍擄獲處刑。左下是Josefa Lianes Eskoda（1898-1945），擔任律師，是女性解放先驅者，拒與日軍合作而處刑。

背景右側是一枚榮譽勳章，左側是1998年慶祝獨立100年，群眾之歡呼。

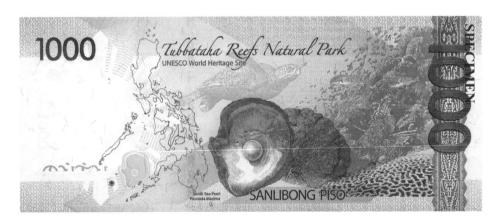

【1,000披索背面】

◎正中是南太平洋的天然珍珠，背景為海龜與菲律賓的海域海底世界，右側為Mindanao地區之編織，左側為菲律賓版圖。

一鈔一世界

由鈔票正面可看出，主圖都是歷任總統，以及一些與菲律賓政治相關的史事（第一、二、三共和），跟較具代表性質的建築物，帶領大家認識菲律賓及説明菲律賓獨立後的沿革。

菲律賓被稱為「千島之國」，海水雲天，湖光山色，景觀十分美麗，所以鈔票背面以其做為背景。在鈔票背面也介紹了特殊之動植物。由於菲國地形起伏，山巒重疊，建立了已有2,000年的高山梯田（20元背面），磅礴氣勢，令人震撼。

菲律賓曾在1998年，為第一共和建立100週年發行近代世界票幅最大的鈔票，尺寸216mm×133mm，茲介紹於下。

【2,000披索正面】
◎1998年7月30日約瑟夫‧埃斯特拉達（Joseph Ejercito Estrada）總統手接聖經宣誓就職為第十三任總統，背景是巴拉索延教堂（Barasoain Church）。

【2,000披索背面】
◎總統就職後在陽臺揮舞著國旗向集會群眾致敬。

（註：菲律賓長期受西班牙殖民，1898年6月12日宣布獨立，史稱第一共和國；第二次世界大戰，日軍統治時期稱第二共和國，日本投降後脫離美國統治，為第三共和國。）

新加坡 鑽石小國
Singapore

面積：697平方公里

人口：約550萬人

首都：新加坡（Singapore）

幣值：新加坡元（SGD）

　　　　1美元≒1.4SGD

國旗分成上下紅白兩色，紅色象徵融合，白色代表真誠，五顆星象徵民主、自由、進步、和平和公正，新月象徵朝向五顆星所代表的五大目標前進。

　　以華人為主導的新加坡，追求族群和諧共處，建立彼此尊重的多元種族社會，走向國旗所象徵的涵義。新加坡有相當多的外來人力，如女傭及專業人士。新國教育及健康水準良好，電子、煉油、金融、旅遊業很發達，是航空中心，也是轉口中心，在世界競爭力排名中，名列前茅。

【2新加坡元正面】
◎新加坡首任總統尤索夫・賓・伊薩克（Yusof Bin Ishak, 1910-1970），在任期間1959-1965年，在擔任總統期間，致力於服務國家和人民，鼓勵國民並領導他們脫離困苦的生活。新加坡的所有種族和宗教能夠互相尊重及包容，是尤索夫長久努力的結果，這些不但帶來許多榮譽，也將新加坡的聲望推向國際舞臺。左上角為國徽。

【5新加坡元正面】

【10新加坡元正面】

【20新加坡元正面】

【50新加坡元正面】

【100新加坡元正面】

【1,000新加坡元正面】

【10,000新加坡元正面】

【2新加坡元背面】

◎教育——一群師生在一間「沒有牆壁」的課堂裡上課

在亞洲國家當中，新加坡為少數以英語作為主要語言的國家。新加坡由眾多種族組合而成，規定華語、英語、馬來語及淡米爾語（印度語一支）四種官方語言並存，並堅持實施雙語政策，強調英文為共同語言，來尋求文化上的一個平衡點。

背景為三所著名學校：維多利亞學校（Victoria School）、萊佛士書院（Raffles Institution）、新加坡醫學院。

【5新加坡元背面】
◎公園城市──Garden City
常有人形容新加坡為花園城市，主要是前總理李光耀推行綠化政策，使得整座島嶼猶如一座座公園一般，乾淨而舒暢。鈔票前景是植物園內的一株香灰莉樹（Tembusu）又稱登布樹，可長40公尺高，樹幹粗壯。

【10新加坡元背面】
◎運動──各類體育項目：足球、網球、跑步、游泳、風帆……都是新加坡人最喜好的運動。

【20新加坡元背面】
◎左側新加坡市貌，右側汶萊賽福鼎（蘇丹名字）清真寺（Saifuddien Mosque），兩國幣值匯率採一比一，迄2007年已四十年。

【50新加坡元背面】
◎藝術
包括新加坡畫家陳文希（Chen Wen His, 1906-1991）的中國畫《兩隻長臂猿在葡萄架上》（Two Gibbons Amidst Vines），有豪邁奔放的寫實風格，及鍾泗賓（Cheong Soo Pieng, 1916-1983）的中國畫《曬鹹魚》（Drying Salted Fish），是精緻細膩的工筆畫風。左邊是四項樂器：中國的琵琶、馬來的單面鼓（Kompang）、印度的維那琴（Veena）以及西方經典的小提琴，四種樂器代表四大民族不同的藝術，旨在說明新加坡文化融入了上述四種文明。

【100新加坡元背面】
◎新加坡青年所受訓練
從左到右分別是：新加坡紅十字會（Singapore Red Cross）成員、新加坡聖約翰救護機構（St John's Ambulance Bigade）、全國學生警察團（National Police Cadet Corps）。

【1,000新加坡元背面】
◎政府──總統府、國會大廈、高等法院，顯示三權分立。
圖案的主題是完善的法律制度。中間的建築是新加坡總統府（Istana），左邊的建築是議會大廈（Parliament House），右邊的建築是最高法院大樓（Supreme Court）。

【10,000新加坡元背面】
◎經濟──微型處理機、晶片等高科技研究發展，帶來新加坡繁榮的經濟
新加坡在區域金融服務及東南亞轉運中心方面，扮演重要之角色，新加坡的投資環境、競爭力在國際機構之評比，一向名列前茅，然而1997年發生的金融危機，使得新加坡遭到嚴重挑戰。

作為一個沒有優勢的自然資源和經濟腹地的城市國家，新加坡經濟發展主要靠外在支撐，因此不斷加強對外貿易、吸引外資和對外投資，特別著重發展資訊與製藥兩大重點。

隨著安全電子支付的發展，人們需要大額現金交易的需求日益減少，且為避免洗錢風險，新加坡金融管理局宣布2016年10月1日起，停發10,000元紙鈔。

一鈔一世界

新加坡雖是彈丸之地，卻是世界最富庶的國家之一，其環境之整潔，產業之繁榮，金融之發達，旅遊之興旺，國民之守法，在國際上是少有的。

新加坡成功之道，在這套鈔票所採用的主題可一窺真章：教育（2元）、綠化（5元）、運動（10元）、藝術（50元）、訓練（100元）、政府廉能（1,000元）、經濟（10,000元）。

新加坡10,000元是世界最高價值鈔票，達新臺幣20萬元以上，這麼大的面值，應該是銀行之間轉帳用，一般買賣應找不開。

泰國 佛教王國
Thailand

⑤ ⑩ 50 100

面積：51.4萬平方公里（世界第50）

人口：約6,800萬人（世界第20）

首都：曼谷（Bangkok）

幣值：泰銖（Baht THB）
　　　　1美元≒33.2THB

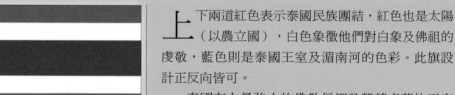

上　下兩道紅色表示泰國民族團結，紅色也是太陽（以農立國），白色象徵他們對白象及佛祖的虔敬，藍色則是泰國王室及湄南河的色彩。此旗設計正反向皆可。

　　泰國有力量強大的佛教信仰及聲望卓著的王室權威，在東南亞經濟發展較穩定，為成效較佳國家，已漸由農業轉型為工商業為主。1997年亞洲金融風暴，泰國首當其衝。泰人有相當比例赴外國工作，有趣的是，鄰國也有相同人數來泰國工作。泰國的旅遊業很出名。

【20泰銖正面】

【50泰銖正面】

【 100泰銖正面 】

【 500泰銖正面 】

【1,000泰銖正面】
◎拉瑪九世蒲美蓬・阿杜德國王（Bhumibol Adulyadej, 1927-2016）

蒲美蓬是泰國前國王拉瑪八世阿南塔之弟，於1946年繼承王位，並於1950年5月舉行加冕典禮，為泰國國王拉瑪九世。即位以來，蒲美蓬一直致力於泰國的鄉村建設和人民生活的改善，對供水等技術的改革貢獻很大，在泰國農民心目中有相當高的威望。他多次調解泰國政治，解除許多政治危機。

才華洋溢的蒲美蓬被百姓敬稱為「農民國王」，不但精通多國語言，喜歡木工、音樂，更熱愛人民，他遍訪歐洲列國，也踏遍了泰國府縣，默默的為泰國百姓付出。

拉瑪九世在2016年10月13日過世，享壽88歲。在位70年，在歷史上居第二，僅次法王路易十四在位72年，被尊為國家的心臟、民族的靈魂、政壇的磐石。

【20泰銖背面】
◎泰國歷史上著名國王之一：藍甘亨大帝（King Ramkhamhaeng the Great 1239-1317），意即勇敢而偉大的君王，他在1283年創制出泰國字母。

【50泰銖新鈔背面】

◎泰國大城王朝君王納黎萱大帝（Naresuan, the Great 1590-1605在位），他是「泰拳」的倡導者，鈔票前景是其塑像，現立在納黎萱大學內，左上背景是納黎萱乘坐戰象單挑殺緬甸東吁王朝王儲，一舉破敵（泰緬交戰，緬甸人多勢眾、泰國不是對手，仍用激將法，一對一，王見王，主帥一死，扭轉戰局，緬甸無力抗衡，終成一代大帝）。他西抗緬甸，再東征柬埔寨，創造泰國歷史上最大版圖。

【100泰銖背面】

◎鄭信大帝（Taksion the Great 1767-1782在位）

當年，緬甸入侵，鄭信率領華僑及泰人擊退，建立泰國第三王朝──吞武里王朝，勤政愛民。他擁有華人血統，卻在海外稱帝。

【500泰銖背面】

◎泰皇拉瑪一世（1737-1809），左側背景為玉佛寺（Emerald Buddha）。

他曾是鄭信大帝（見100泰銖背面）的親信，1782年利用反對國王的叛亂，發動政變，推翻鄭信，建立卻克里王朝，成為延續至今的泰國王室，目前已歷十任國王。

【1,000泰銖背面】
◎拉瑪五世朱拉隆功（Chulalongkorn 1853-1910），廢除600年來的奴隸制度，泰國第一學府即以其名命名之。執政42年，使國家發展成現代化，在列強環繞下維持國家獨立。亦被尊為大帝（目前為止，泰國有五位大帝）。

一鈔一世界

1782年吞武里王朝大將卻克里，趁宮廷政變之際，奪取王位，建立當今之泰國王朝，王朝建立後，致力開拓疆土。十九世紀時，受西方列強威脅，五世朱拉隆功利用英法矛盾，使泰國保持獨立地位，並大力改革，推行變法。到二次世界大戰，又在日本及同盟國之間保持平衡，再度維持獨立。二戰後，泰國走向君主立憲。

此系列鈔票正面皆是前任國王拉瑪九世，他自1946年即位，2016年逝世，在位70年（見下頁2016年版蒲美蓬泰皇登基70年紀念鈔），是世界歷史上在位第二久的國王，泰人奉他如神明。鈔票背後都是歷代君王。

對泰國人來說，拉瑪王朝所帶給他們的影響相當深遠，從暹羅時代一直到現在，拉瑪王朝仍不斷的為泰國百姓付出，由種種的改變可以感受到，人民對拉瑪家族的期望與寄託，是推動國家與民眾一齊努力的動力。泰皇拉瑪九世逝世後，由王儲瑪哈·瓦吉拉隆功（Mahawachiralongkon 1952-）繼任，稱拉瑪十世。（見附圖）

2016年泰皇拉瑪九世登基70週年紀念鈔

正面：晚境年老的拉瑪九世。

背面：剛登基年輕的拉瑪九世。

越南 仙龍子孫
Vietnam

⑤ ⑩ 50 100

面積：33萬平方公里
人口：約9,300萬人（世界第14）
首都：河內（Hanoi）
幣值：越南盾（Dong VND）
　　　　1美元≒22,700VND

紅色象徵革命所流的血，五稜星象徵勞工、農民、知識分子、青年和軍人五大階層的團結一致，又有金、木、水、火、土五行涵義，紅旗和黃星也是共產主義國家旗幟的特徵。

現在越南也走向改革開放，由於工資、能源及土地低廉，農林漁礦豐富，很多外商前往投資，特別是臺商名列前茅，地位舉足輕重，尤其在鞋業、家具、服飾、玩具及電子裝配。在農作上，越南是世界第二大稻米及咖啡輸出國。

【10,000越南盾正面】

◎越南國父、越南國家主席　胡志明（Ho Chi Minh, 1890-1969）

胡志明生於1890年越南義安省南蓮鄉，早年做過教師、船員。1919年初，凡爾賽和平會議召開時，胡志明代表在法國的越南愛國者，向各國代表團提出各民族權利的八項要求，希望法國政府承認越南民族的自由、民主、平等和自決權，但是遭到回絕，於是胡志明開始省吃儉用，印成傳單，廣泛分發。1945年5月德國敗降以後，越盟已控制全國大部分地區，胡志明立即帶領越南人民發動八月革命，解放越南。同年9月2日，胡志明代表臨時政府宣讀《獨立宣言》，宣告越南民主共和國誕生。1946年越南第一屆國會一致推選胡志明為越南民主共和國主席兼政府總理。1951年舉行第二次全國代表大會，正式成立越南勞動黨，胡志明當選為中央委員會主席。1969年過世，未能目睹南北越統一。鈔票左上有國徽。

【20,000越南盾正面】

【50,000越南盾正面】

【100,000越南盾正面】

【200,000越南盾正面】

【 500,000越南盾正面 】

【 10,000越南盾背面 】

◎越南的石油及天然氣有豐富的儲量,成為東南亞地區第三大石油生產國及出口國。鈔票上是海上石油鑽井平臺。

【20,000越南盾背面】

◎日本來遠橋（Japanese Covered Bridge）

這座橋梁位於會安（Hoi An）（越南中部），是16和17世紀重要的貿易出口中心。Hoi An最初是一個分隔的鄉鎮，經由日本人建造獨特的日本式橋梁得以連結。此橋修得像一座亭子，古色古香，發人深省。

1999年，因為保存良好，這座老橋被聯合國教科文組織納入世界文化遺產。

【50,000越南盾背面】

◎順化古皇宮建築

順化是越南中部承天順化省的省會，古稱富春。曾先後為西山朝和阮朝的京城，是越南的古都。

鈔票上是皇宮建築，仿北京紫禁城建造，宏偉壯觀，是富歷史價值之文化遺產。

【100,000越南盾背面】

◎國子監（Quoc Tu Glam）

這個國家級遺跡群，位於河內，分為五區，以牆、門相隔。從大門進，第一、二區為庭園，第三區為碑坊、天光井，第四區為祀堂，第五區為國子監。第四區有供奉名儒的左廡、右廡，大拜堂置銅鐘、石磬，後殿供奉孔子及其四位門生。「國子監」建於1076年，初期只收王族，後來擴大收各地優秀生。1442年，黎聖宗皇帝命立碑，銘刻1442年起狀元、榜眼、探花、進士考中人的姓名與籍貫。自1442年至1779年共舉行116屆考試。現為文廟（Temple of Literature），這裡遊客不斷，前來感受古人教育之風。

【200,000越南盾背面】

◎北越下龍灣（Ha Long Bay）

下龍灣1994年被聯合國教科文組織列為世界自然遺產，2000年再度被承認其地質價值，是地球演變過程的天然博物館。這裡有一千多個奇特的岩石浮現在寧靜的海面上，風光迷人，星羅棋布，人稱是「海上桂林」。而地名中「Ha」是下降的意思，「Long」是龍，傳說從前受到外敵侵略，幸好有龍王之子降臨，替他們解除了外患的危機，並使海上升起許多奇岩怪石，以防衛外海。

NGÂN HÀNG NHÀ NƯỚC VIỆT NAM

SPECIMEN

500000

NĂM TRĂM
NGHÌN ĐỒNG

500.000

【500,000越南盾背面】
◎胡志明故居——金蓮村，位於越南中部義安省南壇縣境內，是一座果樹蔥鬱院落，有三間住房，屋內陳設簡樸，展出有關胡志明的一生圖片。其故居及故鄉是胡志明度過他的童、少年的地方。

一鈔
一世界

對於越南人來說，胡志明是相當重要的人物，是越南的國父，也帶領人民走過一段艱苦的歲月，這其中的改變，都歸功於胡志明的努力不懈，才有今日的越南，所以每張鈔票正面都有胡志明像。背後則是越南的各個名勝古蹟，20,000元、50,000元、100,000元、200,000元、500,000元皆是，這也證明了他們深遠的歷史背景。唯一的一張10,000元背面，是說明越南儲藏豐富的石油資源。

其實地下資源尚有煤田、鉻鐵、磷礦等，均居東南亞之首。越南鈔票之面額屬世界最大者，1美元可兌換越南盾20,000元以上。

越南盾全系列全部使用塑膠鈔票，使用壽命長，不易偽造。而輔幣也是用鈔票紙幣（非塑膠鈔），而不用硬幣，有1,000盾、2,000盾、5,000盾，正面仍是國父胡志明，背面分別為木材、紡織、石油等代表性產業（見下頁附圖）。

【1,000越南盾正面】

【1,000越南盾背面】

【2,000越南盾正面】

【2,000越南盾背面】

【5,000越南盾正面】

【5,000越南盾背面】

第三篇 南亞
South Asia

- 依地理上習慣，南亞有以下幾個國家（依照英文字母排序）：阿富汗、孟加拉、不丹、印度、馬爾地夫、尼泊爾、巴基斯坦和斯里蘭卡。

- 南亞又稱為「次大陸」，是世界人口最密集地區，也是相當貧窮的地區之一。由於政治及宗教之因素，一直存在著不安定局面，印巴常因此而開戰。印巴兩國並不富裕，卻都擁有核武。孟加拉、尼泊爾及斯里蘭卡，也常因政治與宗教因素有內亂及衝突。馬爾地夫比較平靜，是旅遊勝地，但因地球暖化，而懼怕國土淹沒。不丹人稱最快樂國家，不求GDP，但求GHP。阿富汗一直與恐怖主義掛勾，民族性強悍。

- 印度、巴基斯坦及孟加拉，鈔票正面均是國家國父。不丹與尼泊爾則是國王（尼泊爾廢除國王後，改用聖母峰）。在阿富汗、不丹及尼泊爾的鈔票上，可看到大量的寺廟，也將其古蹟、名勝列入。馬爾地夫鈔票沒有人物，其景物也平易近人，運用彩繪，相得益彰。在南亞鈔票中，不管過去或現行，斯里蘭卡有主題且賞心悅目，應屬首屈一指。

阿富汗 農牧立國
Afghanistan

⑤ ⑩ 50 100

面積：65.2萬平方公里（世界第41）
人口：約3,200萬人（世界第40）
首都：喀布爾(Kabul)
幣值：阿富汗尼(Afghani AFN)
　　　　1美元≒56AFN

黑色是經歷苦難的歷史，提醒國人記取教訓，紅色象徵革命先烈的鮮血，綠色是和平與農業，白色徽章內的清真寺表示虔誠的伊斯蘭教信仰。

　　阿富汗坐落亞洲心臟，與甚多國家比鄰，有時候被認為是中亞，甚至歸類西亞。他是內陸國，交通不便，又長年戰爭，經濟依賴外國援助（特別來自歐盟），是世界開發程度最低的國家之一。

【1阿富汗尼正面】
◎阿富汗銀行徽

【1阿富汗尼背面】
◎馬札里沙里夫清真寺
（Mazar-e Sharif Mosque）
藍色瓷磚鑲嵌，又稱藍色清
真寺，宏偉壯觀，在動盪期
間很多珍貴遺跡遭破壞，本
寺有幸，逃過浩劫。

【2阿富汗尼正面】
◎阿富汗銀行徽

【2阿富汗尼背面】
◎位於首都喀布爾的
凱旋門，歐式建築係
為1919年慶祝獨立而
修建，因戰亂，現已
殘破不堪。

【5阿富汗尼正面】
◎阿富汗銀行徽

【5阿富汗尼背面】
◎喀布爾城牆（Kabul Walls），又名
巴拉・希薩爾（Bala Hissar）城堡。

【10阿富汗尼正面】
◎清真寺

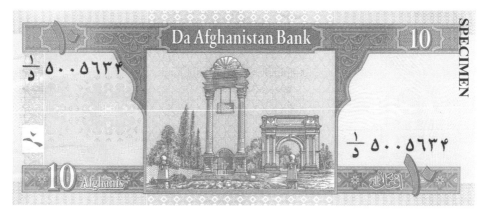

【10阿富汗尼背面】
◎1919年慶祝阿富汗獨立，修建喀布爾的凱旋門及帕夫曼花園（Paghman Gardens），曾為王室
渡假或避暑之地，現已受戰火摧殘。

【20阿富汗尼正面】
◎蘇丹陵墓
（Mahmud of Ghazni）

【20阿富汗尼背面】
◎位於喀布爾的城堡式皇宮，阿富汗國王（Abdul R'hman Kham）在1800年建造，後成為總統府及官邸。

【50阿富汗尼正面】
◎加赫（Shah Do Shamira）清真寺位於阿富汗首都喀布爾，依歐洲風格建築，1920年西化改革時期興建，人民經常在這裡舉行盛大活動。

【50阿富汗尼背面】
◎薩朗關（Salang Pass）是通往阿富汗北部之必經要道。

【100阿富汗尼正面】
◎Pul-e Khishtl清真寺，是首都喀布爾最大清真寺，已有180年歷史，1956年
Muhammad Zahir Shah國王在位時重建。

【100元阿富汗尼背面】
◎建於十一世紀的Qala-e-Bost拱門遺
址，當時是極重要之要塞及通道，
它曾受到成吉思汗、帖木兒大軍之
重擊，位於阿富汗南部拉什卡爾加
（Lashkar Gah）附近。

【500阿富汗尼
正面】
◎星期五清真寺
（Friday Mosque）
位於阿富汗西
部的赫拉特
（Heart），以磁磚
及馬賽克裝飾而
聞名。

【500阿富汗尼背面】
◎坎大哈（Kandahar）在阿富
汗南部，是第二大都市，鈔票
上為坎大哈機場調度塔。

【1,000阿富汗尼正面】
◎馬扎里沙里清真寺
(Mazar-e Sharlf Mosque)

【1,000阿富汗尼背面】
◎阿富汗國父杜蘭尼
(Ahmad Shah Durrari, 1724-
1773) 的陵墓。
地點在南部大城坎大哈,他
是第一位統一獨立的杜蘭尼
王朝締造者。

一鈔
一世界

阿富汗本身是個伊斯蘭教國家,從鈔票正、背面上可以發現,該國
有許多不同風格的清真寺,其中大多富有悠久歷史,這不但是他們
人民的生活聚集地,也是一個相當重要的生活重心。

阿富汗至今仍受戰亂困擾,是世界不發達國家之一。

伊斯蘭教是不可崇拜偶像的,所以在塔利班統治時,已被聯合國列
入世界文化遺產的巴米揚大佛,毀於炮火。

阿富汗是一個多山之高原國家,地形複雜,道路崎嶇,沒有出海
口,是典型內陸國家,所以陸上關口及空中運輸變得重要,這從鈔
票上50元、100元及500元之背面可以得知。

1979年蘇聯入侵阿富汗,1989年蘇軍完全撤出,1996年塔利班攻占
首都喀布爾,2001年美國以反恐為由,軍事打擊塔利班,所以鈔票
上許多寺廟、古蹟遭破壞。

孟加拉 水鄉澤國
Bangladesh

(5) (10) 50 100

面積：14.4萬平方公里
人口：約1.6億人（世界第7）
首都：達卡(Dhaka)
幣值：塔卡(Taka BDT)
　　　　1美元≒68BDT

國旗使用伊斯蘭教神聖的綠色為底色，也象徵繁榮的農業。紅色的圓形代表太陽，象徵人民獨立建國所流的血。

　　孟加拉人口非常多，致人口密度極高，生產力水平落後，人民生活十分貧困。

　　因孟加拉有低廉的勞動力，近年，國際大廠開始選擇孟加拉為生產基地，將翻身變新的世界工廠。

【2塔卡正面】

◎孟加拉建國者也是第一任總統謝赫‧穆吉布‧拉赫曼 (Sheikh Mujibur Rahman, 1920-1975)，因政治理念不同，自巴基斯坦分治，因而巴基斯坦東西交戰。東巴得到印度的支持、協助，1971年12月16日宣布獨立，國名孟加拉 (Bangladesh)。他在戰爭中表現卓越領導能力，卻缺乏和平建國之長才，1975年8月15日在軍事政變中被殺害。

中間背景是國家受難者紀念碑 (National Martyrs' Monument)，為爭取自巴基斯坦獨立，無數的人犧牲傷亡，透過興建紀念碑，對這段歷史共同回憶，撫今追昔，淬煉精神力量。

【5塔卡正面】

【10塔卡正面】

【20塔卡正面】

【50塔卡正面】

【100塔卡正面】

【500塔卡正面】

【1,000塔卡正面】

【2塔卡背面】

◎語言烈士紀念碑（Shaeed Minar）

1952年2月21日東巴基斯坦人為要求孟加拉語作為國語，舉行罷工示威，遭受執政當局鎮壓，傷亡無數，特立碑以示隆重紀念。

聯合國1999年決議每年2月21日為國際母語日，促進語言之多元化。

【5塔卡背面】
◎庫桑巴清真寺（Kusumba Mosque）

【10塔卡背面】
◎國家清真寺──白圖穆卡蘭清真寺（Baitul Mukarram Mosque）

【20塔卡背面】
◎列為世界文化遺產的巴格哈特清真寺之城（Mosque City of Bagerhat）

【50塔卡背面】
◎孟加拉畫家阿比汀（Zainul Abedin, 1914-1976）的畫作——《耕田》（Ploughing），為現代主義畫派。水牛耕田是項重要農業技術。

【100塔卡背面】
◎星辰清真寺（Star Mosque）（在首都達卡）
19世紀由Mirza Golam Pir所設計，以藍色星辰為主題來裝飾，故稱Star Mosque，外表十分華麗。

【500塔卡背面】
◎孟加拉農村景致——
農耕、河流、船舶

【1,000塔卡背面】
◎孟加拉國會大廈
（National
Parliament House）
由 建 築 師 路 易·康
(Louis I. Kahn)建造，
世界最大複合式立法
機構。

一鈔
一世界

孟加拉族是南亞古老民族之一，十九世紀中葉成為英屬印度的一省，1947年印巴分治，因伊斯蘭信仰而歸為東巴基斯坦，因政治、語言因素，1971年3月東巴宣布獨立（2元背面），1972年正式成立孟加拉國，領導獨立者就是所有鈔票系列正面的人物。

在孟加拉的任何城鎮均有清真寺，在鈔票5元、10元、20元、100元的背面皆可見，人們以可蘭經的教義來約束自己的行為。

孟加拉土地肥沃，水網稠密，是世界有名的魚米之鄉，在50元、500元背面可見到農耕的一面。因氣候的無常，常帶來毀滅性之災難，1991年的大颶風奪去15萬人的性命。

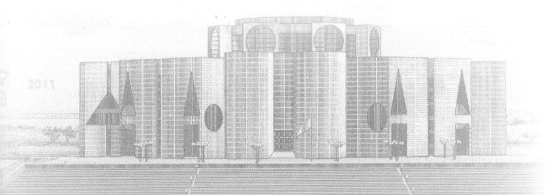

不丹 香格里拉
Bhutan

⑤ ⑩ 50 100

面積：3.8萬平方公里

人口：約73萬人

首都：辛布(Thimpu)

幣值：那特倫(Ngultrum BTN)
　　　　1美元≒64.9BTN

金黃色代表不丹國王；橘紅色是僧侶長袍的顏色，象徵佛教（喇嘛教）的信仰；中央威嚴的龍，象徵國家守護神，可控制雷雨，又稱「龍之國」。本旗與韓國一樣都深受中國文化影響。

　　不丹以農立國，農業人口占九成以上，為了保存文化與自然環境，旅遊受到管制，是唯一國民所得不高，人民感覺幸福快樂的國家。

【1那特倫正面】
◎左右為雷龍，是皇室象徵，中間為皇家符號。

【1那特倫背面】
◎西姆托卡宗（Simtokha Dzong）
西姆托卡宗位於首都辛布的入口處，宗（Dzong）是至高的象徵。在八世紀藏傳佛教就成了不丹國教，建立很多喇嘛廟。其中西姆托卡宗於1629年由Shabdrung　Ngawang所建造，雄偉華麗。它是不丹第一座宗堡式寺廟，也是結構最古老的寺廟。不丹有大量的人民修練及研究佛法，宗教領袖稱「波切」，地位尊貴。

【5那特倫正面】

◎左右為神鳥，是不丹之聖獸。

中間是皇家符號。

【5那特倫背面】

◎虎穴寺（Taktsang Monastery）

建於1692年，後毀於大火，1998年重建，座落在Paro山谷之懸崖上，寧靜、幽美，傳說中有神佛騎虎至此冥想修行，故得虎穴寺之名，現在虎穴寺已嚴禁遊客進入。

【10那特倫正面】
◎第五任國王吉格梅‧凱薩爾‧納姆耶爾‧旺楚克（Jigme Khesar Namgyal Wangchuck, 1980-）
第四任國王在52英年（2006年12月14日）傳位，不貪戀權位，讓新王及早獲得政治經驗，堪稱英明偉大。
新王畢業名校，愛民如子，性情溫和，有乃父之風，被譽為世界最英俊國王。

【10那特倫背面】
◎帕羅宗（Paro Dzong）
本寺亦座落山崖上，景致美麗，曾受火災及地震摧毀，後經重修而恢復。在帕羅宗內珍藏不丹最大、最美之唐卡畫（Thankha）──滕德（Thongdel，將啦嘛教傳入不丹者），享譽國內外。

【20那特倫正面】
◎第五任國王吉格梅·凱薩爾·納姆耶爾·旺楚克（Jigme Khesar Namgyal Wangchuck, 1980-）

【20那特倫背面】
◎普那卡宗（Punakha Dzong）

不丹第二古老的宗廟，位於不丹最美麗都市普那卡（Punakha）。在1637年由Shabdrung Ngawang Namgyal藏傳佛教噶舉派領袖統治時期建造，並在18世紀Desi王朝時代（1744-1763）被大舉擴建。Punakha Dzong曾遭受多次的火災侵襲，更在1897年的地震中嚴重受創，現今的國王已下令用古王朝的建築方式修復Punakha Dzong。寺內有一巨大菩提樹，古木參天，帶給修行者及參拜者內心的平靜。

【50那特倫正面】

◎第五任國王吉格梅‧凱薩爾‧納姆耶爾‧旺楚克（Jigme Khesar Namgyal Wangchuck, 1980- ）

【50那特倫背面】

◎通薩宗（Tongsa Dzong）

通薩宗建於1648年，依山勢聳立於高山之上，歷經數百年，屹立不搖。1907年烏顏‧旺楚克（Ugyen Wangchuck）為第一任的國王，將通薩宗作為國王居住的地方。

【100那特倫正面】
◎第五任國王吉格梅‧凱薩爾‧納姆耶爾‧旺楚克（Jigme Khesar Namgyal Wangchuck, 1980-）

【100那特倫背面】
◎大西丘宗（Tashichho Dzong）
大西丘宗是不丹的政教中心，同時也是重要政經活動的舉辦地，是風格典雅的不丹建築，為國王及政府高官的辦公處，也是贊都（國民議會）所在，不但是首都辛布的市標，也是不丹最具代表性的「宗」──Tashichho Dzong（意為光榮信仰之堡）。
大西丘宗裡最古老的建築建於13世紀，1641年組合這個佛教雷龍派國家，成為第一個神權領袖的拿旺喇嘛，加蓋後使它成為一座很大的宗式堡壘，並取名為現在的名字Tashichho Dzong。
20世紀初發生大火和地震，毀了大西丘宗大部分的建築，1961年開始復建，動員了將近兩千名男女老幼，仍沿襲傳統，沒有設計圖，不使用一根釘，卻忠實的使原貌重現。

【500那特倫正面】
◎第一任國王烏顏・旺楚克（Sir Ugyen Wangchuck，1861～1926）

1907年，Sir Ugyen Wangchuck被推選為不丹旺楚克王朝第一位國王，廢除以往神權統治，在位至1926年（其子Jignie Wangchuck繼任至1952年）。當時他在不丹中心建立基礎且增強力量，在印度保護國英國幫助下，將不丹從清朝統治下獨立出來，建立旺楚克王朝，但也成為英國保護國。

【500那特倫背面】
◎普那卡宗（Punakha Dzong）
（詳見20那特倫背面）

【1,000那特倫正面】

◎第五任國王吉格梅·凱薩爾·納姆耶爾·旺楚克（Jigme Khesar Namgyal Wangchuck, 1980-）

【1,000那特倫背面】

◎大西丘宗（Tashichho Dzong）

（詳見100那特倫背面）

一鈔
一世界

1907年旺楚克家族（鈔票500元正面）在英國支持下，取得政權，建立君主世襲制。第四任國王吉格梅・辛格・旺楚克（Jigme Singye Wangchuck，1955-），在國內推行改革，不允許以犧牲環境為代價來發展經濟，1999年宣布不丹為無塑料國家，也限制外國人進入之人數，把破壞自然可能性降低，國民所得雖不高，卻是世界最幸福之國度（GNH, Gross National Happiness）。在舊鈔100元正面可看到其肖像（見附圖1），2006年在其50出頭英年時，傳位第五任國王。新鈔正面幾乎都是新王，新婚成世界新聞（見附圖2紀念鈔），新娘皮瑪（Pema）來自平民家庭，行事風格，備受好評。

不丹有數以千計的喇嘛廟，這些古老的寺廟是不丹最美的建築物，很多是藝術和建築的優秀代表，深受民眾敬畏，在鈔票背面可見宏偉之寺廟。

不丹文化深受中國的影響，在1元、5元正面有龍與鳳之圖案。

【附圖1】

【附圖2】

印度 靈修聖地
India

5 · 10 · 50 · 100

面積： 328.7萬平方公里（世界第7）
人口： 約12.7億人（世界第2）
首都： 新德里(New Delhi)
幣值： 盧比(Rupee INR)
　　　　 1美元≒64.7INR

國旗上有代表甘地所用的紡織機輪，亦代表最強盛阿育王朝之「法輪」。國旗的橙色代表佛教，下方綠色代表伊斯蘭教，中央的白色則象徵印度教，三教共和。三顏色也代表其地理景觀，白色是峰峰相連，經年冰雪的喜馬拉雅山脈，綠色是恆河平原及印度河平原，橘色是德干高原。

　　印度已超過十億人口，有多子多孫多福氣觀點，預計 2030年將成為世界人口最多的國家，加上階級制度，貧富差距甚大，對經濟發展不利。但近有「金磚四國」的說法，印度是其中之一，看好印度未來，尤其擁有非常多的軟體工程師，是經濟成長的有利基礎。大體而言，印度還是十分貧窮。

【5盧比正面】

◎印度國父　莫漢達斯・甘地（Mohandas Gandhi, 1869-1948）

甘地出身於印度一個古老的家族，在這個等級森嚴、種姓界限分明的社會，優越的出身使他有機會到英國接受高等教育。這樣的教育使甘地認清了印度社會中存在的不平等，以及印度作為英國殖民地的屈辱現實，於是他決心改變現狀，開始在國外從事反對種族歧視的鬥爭。

大學畢業後，他在南非當律師，非凡的智慧、超人的膽識和堅強的意志使甘地成為有名的律師，之後回到印度推行獨立自由。

甘地提倡「非暴力不合作運動」，以「非暴力抵抗」和與英國殖民者「不合作」的態度爭取印度的獨立。並推動消除祖國種姓制度、調解印度教和伊斯蘭教之間的紛爭。1947年印度人民獲得獨立，在成立聯邦制憲會議上，甘地被稱為「過去30年來的嚮導和哲學家、印度自由的燈塔」。很不幸地死於狂熱印度教徒槍下，後人尊稱為Mahatma（聖雄──集道德與英雄於一身）。

【10盧比正面】

【20盧比正面】

【50盧比正面】

【100盧比正面】

【500盧比正面】

【1,000盧比正面】

【5盧比背面】

◎拖拉機

每當十月前後，水稻陸續進入成熟期，田裡到處都是大型收割機及拖拉機在工作。印度的氣候非常適合農業生產，各種農作物在燦爛陽光的照射下，競相生長，一年三穫，豐富的物產使恒河平原、印度河平原成為遠近聞名的魚米之鄉。

【10盧比背面】

◎在印度森林中的大型動物──老虎、大象、犀牛。現在的印度虎及印度犀牛已面臨滅絕，政府也發動保育計畫，而印度象性情溫順、力氣大，從古代便被馴養搬運貨物，印度象亦有人稱之為亞洲象。

【20盧比背面】

◎印度安曼群島首府布萊爾港的一片海灘夾著棕櫚樹。布萊爾港是個深水港，戰略地位重要，常出口木材、木材加工品、椰子、橡膠等。

【50元盧比背面】
◎國會大廈　位於首都新德里（New Delhi）
國會大廈又稱為桑樹‧伯哈旺（Sansad Bhavan），位於總統官邸的北邊，由著名建築師 Lutyens
設計，於1929年完成，是採用柱廊式的圓形建築，主體四周為白色大理石圓柱，建築風格融合
了印度傳統風格與維多利亞時期的特點。大廈前方是一片整齊而寬闊的草地，前面有噴泉水池，
旁邊兩側還有兩排行政大樓，內部牆上則是掛著一幅幅記載印度歷史的壁畫，充滿了莊嚴神聖
的氣氛。印度國會是印度聯邦最高立法機構，分聯邦院（上院Rajya Sabha）及人民院（下院Lok
Sabha）。

【100盧比背面】
◎喜馬拉雅山脈 (Mt. Himalayas)
喜馬拉雅山脈是中國與尼泊爾、印度、不丹、巴基斯坦等國的界山，綿延2,450公里。喜馬拉雅
山脈中段高峰林立，除珠穆朗瑪峰（聖母峰）外，還有海拔超過8,000公尺的高峰9座。該地區冰
川和冰斗極為發達，萬年冰雪巨峰，景色別緻，也是登山者挑戰之極致。
註：爬上8,000公尺以上14座高山（大部份在喜馬拉雅山脈）及七大洲最高山峰，並到過南北極
點，稱之「絕地大滿貫」，目前僅有韓國人朴東碩一人。

【500盧比背面】

◎甘地粗食布衣，手持竹竿，以非暴力、誠實當武器，是印度的精神領袖，也是人類的先知。1930年初，殖民印度的英國政府提高鹽價及鹽稅，甘地反對此舉，帶領子民，行走390公里，親煮海水取鹽，鈔票上是〈食鹽進軍〉(Salt March)的雕塑。

【1,000盧比背面】

◎現代與傳統交織的印度

鈔票上有收割機，海上石油鑽採，人造衛星，煉銅，電腦資訊，象徵印度工商農礦的發展。

印度是世界上最早的文明古國之一，傳統文化最顯著的特色之一就是它的宗教性。印度文化的內涵非常豐富，加上不斷的吸收異族文化，使印度文化逐漸發展、豐富起來。軟體業的崛起，既得益於印度人的數理邏輯能力，也得益於他們的英語能力。隨著印度經濟和社會現代化進程的推進，印度文化終將大放異彩。

一鈔
一世界

這一系列鈔票正面都是甘地，他是著名的印度民族運動領袖，被印度人尊稱為「國父」、「聖雄」。甘地發起非暴力不合作運動爭取獨立，有名的「食鹽進軍」（500元背面）就是其中一例，1950年1月終於獨立。

印度的北部，雄偉的喜馬拉雅山脈形成難以逾越的天然屏障（100元背面）與南部大溝、西部沙漠、東部森林組成一幅令人嘆為觀止之風景畫。森林中有大象、老虎、犀牛，近年已受保護（10元背面）。印度人口眾多，採行民主共和議會制度（50元背面）。

印度在所有鈔票使用官方語言──英文、北印度文（Hindi）及15種印度官方語言，包括阿薩姆語（Assamese）、孟加拉語（Bengali）、古吉拉特語（Gujarati）、康納達語（Kannada）、喀什米爾語（Kashmiri）、孔卡尼語（Konkani）、馬拉雅拉姆語（Malayalam）、馬拉地語（Marathi）、尼泊爾語（Nepali）、奧里亞語（Oriya）、旁遮普語（Puniabi）、梵語（Sanakrit）、坦米爾文（Tamil）、泰盧固語（Telugu）與烏爾都語（Urdu）（見附圖），使人民感受平等對待。農業仍是印度主要就業部門，有水稻、小麥、棉花、黃麻、茶等（5元背面）。近年輕工業、能源工業及資訊業一日千里（1,000元背面），被稱為金磚四國（BRIC）之一，甚有潛力。

【附圖】

2016年11月9日起，原有的500盧比及1,000盧比即刻失效，並宣布發行新系列500盧比及2,000盧比，民眾可到銀行以舊鈔兌換新鈔。

舊系列的其餘面值仍可以繼續使用，此項措施是為廢止那些用於資助恐怖主義的舊版本鈔票及打擊洗黑錢，並減少在家藏錢、走私的現象。

以下説明新盧比正面及背面：

【500盧比背面】

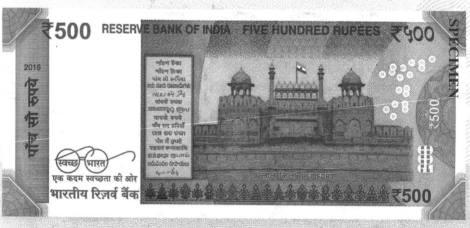

【500盧比背面】

新版500盧比正面為國父甘地。背面為印度德里的紅堡（Red Ford），建於1648年，曾是蒙兀兒帝國的皇宮，規模宏偉。每年獨立紀念日，印度總統都會親上主城門，升起國旗並發表文告。

【2,000盧比背面】

【2,000盧比背面】

新版2,000盧比正面為國父甘地。背面為印度的火星軌道探測器，它於2013年11月5日發射，2014年9月24日進入火星軌道，顯示印度太空科技之進步。

馬爾地夫 人間淨土
Maldives

中國譯名：馬爾代夫
面積：300平方公里
人口：約40萬人
首都：馬律(Male)
幣值：拉非亞(Ruflyae MVR)
　　　1美元≒15.2MVR

綠色是伊斯蘭教神聖的顏色，表示和平、繁榮，白色新月象徵對伊斯蘭教的信仰，紅色是愛國與熱忱，象徵爭自由的鮮血，在國際上實施不結盟主義。

　　馬爾地夫是熱帶魚的故鄉，被譽為最佳渡假島。馬爾地夫為面積只有三百平方公里的群島國家，全國平均標高僅海拔二‧五公尺，全球暖化，海平面上升，令人憂心忡忡。

【10拉非亞正面】
◎一位工人正爬著椰子樹，打算摘下椰果來製作椰子酒。
背景是一群男女正在演奏傳統的鼓樂。

【20拉非亞正面】
◎漁民拎著剛捕獲的黃鰭、金槍魚跟鰹魚返家。
背景是一架客機從易卜拉欣‧納西爾國際機場（以第一任總統之名命名）起飛。

【50拉非亞正面】
◎兒童端莊盤坐，誦讀著可蘭經。
背景是漁民將傳統漁船推入海中。

【100拉非亞正面】
◎一位身著傳統服飾的婦人正在製作燈籠。
背景是一群穿著傳統服飾的婦人正在行走。

【500拉非亞正面】
◎一位工匠正用錐子、銼刀製作木雕。
背景是位婦女坐著，運用棕櫚束編織掃把。

【1,000拉非亞正面】
◎馬爾地夫的綠海龜。
背景是馬爾地夫的遊覽勝地。

【10拉非亞背面】
◎馬爾地夫國家博物館內所
典藏該國最古老的鼓。
背景是傳統鼓器上的裝飾圖
案。

【20拉非亞背面】
◎馬爾地夫的傳統漁船。
背景是馬爾地夫的地圖。

【50拉非亞背面】
◎馬爾地夫星期五清真寺的
叫拜樓。
背景是古老清真寺內的石刻
圖案。

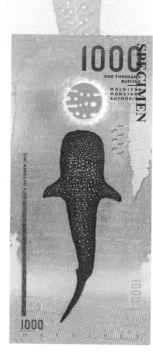

【100拉非亞背面】
◎一冊用古老的迪維西語
（Divehi-bas）所書寫的銅板
書。
背景圖案為古老的迪維西文
字。

【500拉非亞背面】
◎傳統的木雕漆器。
背景圖案源自當地傳統手工
製作的乾草毯。

【1,000拉非亞背面】
◎鯨鯊（學名：*Rhincodon
typus*），也叫鯨鮫、豆腐
鯊，1824年生物科學家首度
辨認出「鯨鯊」是世界體型
最大的魚類，長達13公尺，
重可達22噸，壽命至100
年，生活在熱帶海域，捕食
小型動植物為生。
背景圖案來自鯨鯊身上的斑
點和條紋。

2005年，丹麥的海外領地法羅群島（Faroe Islands）發行一套鈔票，其背面（見附圖）印製當地藝術家海內森（Heinesen, 1936-）所創作的法羅風景水彩畫。如以國家論，馬爾地夫是全世界唯一採用水彩畫風格的鈔票（含正面及背面）。

這套2016年發行的水彩畫鈔票，係由畫家Abdullah Nashaath所設計鈔票尺寸全部都是150mm×70mm。10拉非亞的主題是馬爾地夫的文化和傳統；20拉非亞的主題是工業和經濟成就；50拉非亞的主題是伊斯蘭教的價值觀；100拉非亞的主題是民族與民族語言；500拉非亞的主題是世代相傳的工匠技藝；1,000拉非亞的主題是周遭海洋的自然美。

每一幅馬爾地夫的水彩鈔票都秀出馬爾地夫的亮點，使人民對自己的國家、自己的文化更加認同。鈔票也促進外來遊客對馬爾地夫更深一層的了解，真是小兵立大功！

國際貨幣事務聯合會（IACA），其宗旨在聯絡及協調國際貨幣發展，每兩年在不同國家舉辦一次高峰會，並頒發「年度最佳套鈔獎」（Best New Banknote Series Award），這套水彩鈔票曾入圍。

【附圖】

【法羅群島50克朗鈔票】

【法羅群島200克朗鈔票】

【法羅群島500克朗鈔票】

【法羅群島1,000克朗鈔票】

尼泊爾 雲端之境
Nepal

⑤ ⑩ 50 100

面積：14.7萬平方公里
人口：約3,000萬人（世界第40）
首都：加德滿都(Kathmandu)
幣值：尼泊爾盧比(Rupee NPR)
　　　　1美元≒103NPR

世界唯一無二的鋸齒狀國旗，代表尼泊爾國家中的高峰，也是世界第一及第三高峰。底色為紅色，外緣鑲飾深藍，上三角形有光芒的月亮，下三角形有太陽，象徵國家的永恆與繁榮。日月代表天神的雙眼，俯視天地。

　　尼國位處喜馬拉雅山脈，風景秀麗，前來旅遊及攀峰者眾，不少尼泊爾人為登山者提供勞務、嚮導；又尼泊爾人勇敢善戰，不少人赴國外擔當「傭兵」，都是重要外匯收入來源。2001年國王全家為王儲所射殺，震驚全球，政治曾陷入不安。現已廢除王室改為共和國。

【5尼泊爾盧比正面】
◎5、10、20、50、100、500、1,000盧比左側原是第12任國王賈南德拉肖像，因尼泊爾現已改制為共和國，改換為世界第一高峰聖母峰（8,848公尺），這是尼泊爾的驕傲。
中間背景是塔萊珠女神廟（Taleju Temple）。

【10尼泊爾盧比正面】
◎中間背景是首都的納拉揚神廟內的保護神毗濕奴（Vishnu）

【20尼泊爾盧比正面】
◎中間背景是黑天神廟
（Krishna Temple）

【50尼泊爾盧比正面】
◎中間背景是賈納基神廟
（Janaki Temple）

【100尼泊爾盧比正面】
◎中間背景是尼亞塔波拉神
廟（Nyatapola Temple），
其後山峰自左至右分別為
聖母峰、洛子峰（Lhotse，
8,516公尺世界第四高
峰）、努子峰（Nuptse）。

【500尼泊爾盧比正面】
◎中間背景是天波切喇嘛廟
（Tengboche Monestery），
右側為國花——杜鵑花。

【1,000尼泊爾盧比正面】
◎中間背景是四眼天神塔（Swayambhunath Stupa）。右側為國花——杜鵑花。
2015年4月25日尼泊爾發生7.8級強震，大部分一級古蹟於地震中毀損、倒塌。

【5尼泊爾盧比背面】
◎犛牛
犛牛是高原上特有和瀕臨絕種的動物，肺活量很大，能適應空氣稀薄的高山和乾冷的氣候。牠背負重物的能力令人難以想像，因此號稱「高原之舟」，尼泊爾是高山之國，很多運輸仰賴犛牛。
背景是世界第七高峰——道拉吉里峰（Mt. Dhaulagiri 8,167公尺），因山勢險惡，又有「魔鬼峰」之稱號。

【10尼泊爾盧比背面】

◎尼泊爾雨量充沛，森林茂盛，自然生態環境保持良好，其野生動物園充滿原始叢林風味，動物不計其數，珍禽異獸有老虎、白犀牛、大象等，這張鈔票上的動物是羚羊。

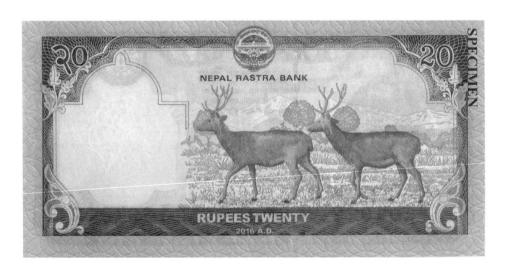

【20尼泊爾盧比背面】

◎尼泊爾的麝鹿（Moschus Spp），生性害羞、膽小，生活在海拔較高的高山和高原，鹿角不僅為高貴的中藥材，腺囊分泌物也可形成香料，十分珍貴。

【50尼泊爾盧比背面】

◎雲豹（學名：*Neofelis nebulosa*）

分布在亞洲東南部，西起尼泊爾，東至臺灣。臺灣曾在1989年有過紀錄，現已完全滅絕。

牠有深色色塊，因形狀像雲而得名，善於爬樹覓食。因有美麗的外皮而常被獵殺，生存受到嚴重威脅。

【100尼泊爾盧比背面】

◎白犀牛

犀牛在尼泊爾語的發音是「Gaida」，而尼泊爾的犀牛與非洲犀牛的差別在於牠們頭上只有一個角，所以被稱為「獨角犀牛」。由於牠們的數量愈來愈少，一度瀕於絕種，因此更加珍貴，在尼泊爾被視為國寶。

【500尼泊爾盧比背面】
◎孟加拉虎
孟加拉虎棲息於森林、雨林及沼澤，並以各種大、小型哺乳動物為食。
孟加拉虎不怕水，善於游泳，為了躲避酷熱的天候，會跳入水中保持清涼。由於兼具靈敏的聽覺、尖銳的牙齒和可伸縮的利爪，及身上有隱蔽效果的條紋，使牠成為森林裡頂尖的獵捕高手。
現在數量越來越少，在尼泊爾的老虎保護區裡，牠們受到更多的保護。

【1,000尼泊爾盧比背面】
◎騎象探險是尼泊爾奇旺國家公園的奇特體驗，坐在象背上居高臨下，最適宜觀察在保護區裡活動的各種動物。由於大部分的大象由政府負責供養，所以絕大多數的觀光客，是透過和政府合作的旅館安排騎乘時間。（註：亞洲象公的有長牙，母的沒有）
大象在奇旺國家公園裡的大象訓練中心（Elephant Feeding Center）與人的關係最為密切，這兒的大象被充分訓練，除了觀光用，載貨、救難都少不了牠。

一鈔
一世界

尼泊爾位於高海拔的喜馬拉雅山脈，8,000公尺以上高峰幾乎都在尼泊爾，故稱「山之國」，也孕育著相當繁雜的動植物。在這片寒冷、人煙稀少的荒地中，尼泊爾聚集成為一個國家，開闢一個能夠容納人與動物安詳共處的和樂世界。

原來尼泊爾鈔票之正面都是比蘭德拉國王的肖像，2001年6月1日晚上，尼泊爾王宮發生血案，比蘭德拉國王（見附圖1）和艾什瓦爾雅王后及其兩子等10多名王室成員遭槍擊身亡，是歷史上有名的「宮廷滅門案」，一時彈丸小國成為國際關注的焦點。於是國王的弟弟賈南德拉（見附圖2）於6月4日繼位，成為沙阿王朝第12代君主，鈔票正面的肖像改為賈南德拉國王，其餘大體未更變。後來國王施政遭到民怨，政局不穩，被國會請下臺，尼泊爾由帝制改為共和國，鈔票上的國王肖像及國王浮水印像就分別由聖母峰和杜鵑花取代了（見附圖3）。

【附圖1】

【附圖2】

【附圖3】

巴基斯坦 回教古國
Pakistan

⑤ ⑩ 50 100

面積：79.6萬平方公里（世界第35）

人口：約1.8億人（世界第6）

首都：伊斯蘭馬巴德(Islamabad)

幣值：巴基斯坦盧比(Rupee PKR)
　　　　1美元≒105PKR

綠色為回教的顏色，也象徵國家進步與繁榮，上弦月和五稜星表示伊斯蘭教國度，左邊的白色長方形象徵與非回教徒的少數民族（主要為印度教）和平共處。

巴基斯坦工業不發達，過去因印巴紛爭，也發展核子彈，棉花是重要農作物。人口眾多，估計2050年有2.8億人，將成為世界第4大人口國，僅次於中國、印度、美國。

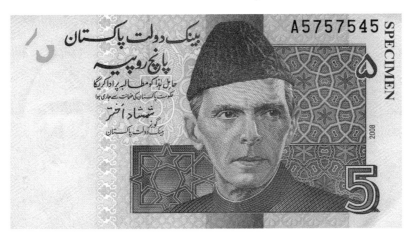

【5巴基斯坦盧比正面】
◎穆罕默德‧阿里‧真納（Muhammad Ali Jinnah, 1876-1948）
被譽為「巴基斯坦之父」的革命先驅穆罕默德‧阿里‧真納，出身富商家庭。年輕時是一位聰明的律師，他支持甘地和尼赫魯為印度結束英國殖民統治而鬥爭。在這些印度領袖的獨立運動中他發現，他們所倡導的未來國家是個世俗的政府，而且努力實現「印度化」的理想，因此他意識到，一旦印度獲得了獨立，生活在印度的穆斯林立即將轉變成這個新獨立國家的二等公民，於是停止了對甘地的追隨。真納提出一個新主張，要求穆斯林與印度教徒分治，穆斯林必須建立自己的國家。

真納提出「團結、信仰、紀律」的口號，他在印度的政治活動遭到印度人的謾罵，反對他的「分裂主義」、「宗教狂熱」，後來國大黨的勢力同英國駐軍對穆斯林開火，屠殺數千名穆斯林。在真納的領導下，印度的穆斯林終於獲得勝利，建立了一個嶄新的伊斯蘭國家──巴基斯坦，1947年8月11日選舉真納為巴基斯坦第一位總督及立法大會主席，隔年（1948年9月）因肺癌逝世。後人尊稱他為阿扎姆（偉大領袖）。迄今印度與巴基斯坦間仍格格不入。

【10巴基斯坦盧比正面】

【20元基斯坦盧比正面】

【50巴基斯坦盧比正面】

【100巴基斯坦盧比正面】

【500巴基斯坦盧比正面】　　　　　　　【1,000巴基斯坦盧比正面】

【5,000巴基斯坦盧比正面】

【5巴基斯坦盧比背面】
◎巴基斯坦主要港口瓜達爾深海港（Ga Wadar Sea Port），經此港出口米、棉紗、服飾、棉織、輕工業。中國由新疆喀什米爾興建鐵公路連結此港，此港勢將成為國際大港。

（中國的一帶一路，瓜達爾港成為樣板工程）

【10巴基斯坦盧比背面】
◎位於白沙瓦（Peshawar）的開伯爾山口（Khyber Pass），是巴基斯坦與阿富汗，也是南亞、西亞、中亞重要之通道，有鐵公路通行，冬不封山，終年可行。

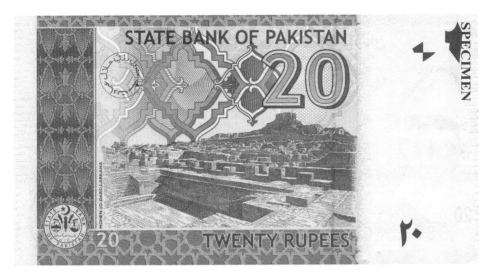

【20巴基斯坦盧比背面】
◎摩亨‧佐達羅（Mohen-jodaro）1980年列世界文化遺產，位於巴基斯坦南部信德省

這個城市規劃十分先進與科學，已有供水、排水系統，家家戶戶有廁所、沐浴處，也有農業和加工業，已有象形文字及雕刻藝術，這座有5000年歷史的遺跡是世界古文明發祥地之一，在西元前2000年前消失，為何毀滅，是外族入侵？是沙漠風暴？是洪水氾濫？迄今尚是謎團。

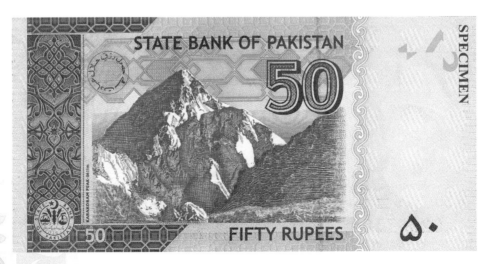

【50巴基斯坦盧比背面】
◎奧斯騰峰（Godwin Austen Peak）高8,611公尺，是世界第二高峰，僅次於聖母峰8,846公尺，簡稱K2，其山勢陡峭，地勢複雜，是登山者公認攀登難度較高之山峰（四面八方近似絕壁，攀登死亡率超過27%）。

【100巴基斯坦盧比背面】
◎加拉特市（Ziarat）
此處是穆罕默德‧阿里‧真納度過餘生的居住地及其安息所在，位於俾路支省（Balochistan）。
1892年修建，最初本來是避暑勝地，現在是國家歷史文物館。

【500巴基斯坦盧比背面】
◎巴德夏希（Badshahi）清真寺
Badshahi清真寺（波斯語之國王清真寺）於1673年由Mughal皇帝Aurangzeb修造，占地三萬平方
公尺，有波斯風格。這是城市中最顯要的地標之一，也是主要的旅遊勝地。這裡能容納55,000個
朝拜者，是巴基斯坦第一大清真寺。寺內珍藏回教聖物——穆罕默德的披風，法蒂瑪的手帕及阿
里手抄的可蘭經等伊斯蘭珍貴文物。

【1,000巴基斯坦盧比背面】
◎伊斯蘭學院Islamia College
Islamia學院是一個位於白沙
瓦（Peshawar）西北部的教育
機構。它於1913年10月1日成
為白沙瓦大學的一部分，由
Sahibzada Abdul Qayum Khan先
生和George Roos Roos-Keppel
先生所創辦。雖然學校的名字

很像宗教機關，但實際上它主要教授的是藝術、人文和科學。

【5,000巴基斯坦盧比背面】
◎費薩爾清真寺（Shah Faisal
Mosque）是伊斯蘭教世界最
知名的建築物，由沙烏地阿拉
伯前國王費薩爾（Faisa 1964-
1975在位）所捐贈。它的設計
是以阿拉伯游牧的帳篷加上傳
統精神而組成，包含一個大三

角禱告廳和四座尖塔。但是不同於傳統的清真寺設計，它缺乏圓頂，且像個帳篷或一把大白傘，
主要的禱告大廳重量由四座尖塔支撐。這個禱告大廳有迴音設計，內部裝飾著一盞非常大的枝形
吊燈，並且由著名巴基斯坦藝術家Sadeqain用馬賽克和書法裝飾牆壁。
占地近20萬平方公尺，可以容納數萬人做禮拜，耗時10年才完工。

一鈔
一世界

巴基斯坦之父阿里·真納是個相當重要的人物，不但影響巴國人民
深遠，也帶領他們走向一條自由的道路。巴基斯坦本是英屬印度的
一部分，因宗教不同，1947年獨立建國。每張鈔票正面都有真納圖
像，而100元背面為其度過餘生的居住地。
在這裡，人口大部分是穆斯林，許多不同風格的建築物都是清真
寺，鈔票500元，1,000元，5,000元背面均是，藉由它們，我們看到
其歷史、宗教、生活方式，也看到各種不同風格的景色。
巴基斯坦屬於「大印度」，有古老文化，摩亨·佐達羅（Mohen-
jodaro）是西元前2000年的遺跡，與古埃及金字塔齊名，放在20元鈔
票背面。
巴基斯坦境內有所謂「世界屋脊」，位於中巴邊界的奧斯騰峰(K2)，
海拔8,611公尺，是世界第二高峰，號稱最難攻頂，在50元背面可
以看到它的英姿。在峰峰相連中，著名的開伯爾山口位於高山峽谷
處，成為巴基斯坦與阿富汗的交通要衝，在10元鈔背面有其身影。
經過一系列鈔票巡禮，可對巴基斯坦有深入了解。

斯里蘭卡 文化珍珠
Sri Lanka

⑤ ⑩ 50 100

面積：6.6萬平方公里
人口：約2,050萬人
首都：可倫坡(Colombo)
幣值：斯里蘭卡盧比(Rupee LKR)
　　　　1美元≒153LKR

國旗的咖啡色代表僧伽羅族，占全國人口大多數，橙、綠色代表少數民族，黃色邊框象徵人民追求光明，也象徵國家受佛祖的保護。菩提樹葉表示對佛教的信仰，獅子圖案象徵佛教的圖騰（獅子吼）。

　　斯里蘭卡曾因種族衝突而展開內戰，甚至總統也被刺身亡。近期致力經濟自由化及出口導向，是世界第一大茶葉輸出國，寶石、橡膠也是重要出口產品。

【20斯里蘭卡盧比正面】

◎首都可倫坡港口（Port of Colombo），忙碌的起卸貨背景為該港早期風貌，它是印度洋航運必經之地，有「東方十字路口」之稱。

左下有小男爵蝶（Baronet），右上有斯里蘭卡特種之貓頭鷹（Serendib Scops Owl）。

【20斯里蘭卡盧比背面】

◎祭神之舞蹈──維斯舞（Ves Dance）

一名維斯舞者和一名蓋塔鼓（Geta Bera）鼓手

右上背景為守衛石及寶瓶

【50斯里蘭卡盧比正面】
◎馬南皮提亞（Manampitiya）新橋
背景是一座古老鐵路拱橋
左下有藍枯葉峽蝶（The Blue Oakleft）
右上為暗藍仙鶲（Dull-blue Flycatcher）

【50斯里蘭卡盧比背面】
◎斯里蘭卡南部傳統舞踏（Vadiga Patuna）
一名舞者及一名亞克鼓（Yak Bera）鼓手
右上背景為守衛石及寶瓶

【100斯里蘭卡盧比正面】
◎Norochcholai燃煤發電廠位於斯里蘭卡西北部，為最重要的火力發電基地。
背景是拉薩帕納瀑布（Laxapana Waterfall）屬於傳統之水力發電。
左下為蠹葉峽蝶（The Autumn Leaf）
右上為橙嘴鶇鶥（Orange Billed Babbler）

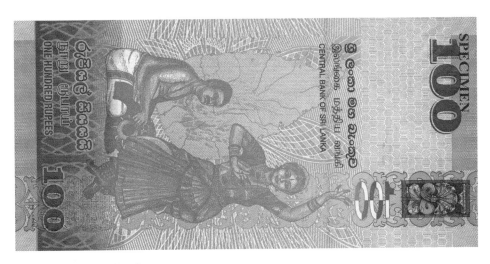

【100斯里蘭卡盧比背面】
◎古典舞蹈婆羅多舞（Bharatanatyam Dance）
一名舞者及一名魔力單根（Mridangam）鼓手
右上背景為Naga守衛石

【500斯里蘭卡盧比正面】
◎首都可倫坡世貿中心及中央銀行
背景是康提的古寺——蘭卡蒂拉卡寺（Lankathilaka Viharaya）
左下為錫蘭靛青皇家蝴蝶（Geylon Indigo Royal）
右上為綠領鸚鵡（Emerald-collared Parakeet）

【500斯里蘭卡盧比背面】
◎康提舞中的Thelme舞蹈
一名舞者及一名亞克鼓（Yak Bera）鼓手
右上側有Pad Manidhi守衛石

【1,000斯里蘭卡盧比正面】
◎斯里蘭卡第一條高速公路之Ramboda隧道，背景是隧道建成前之石牆
左下為錫蘭瞿眼蝶（White Four Ring）
右上為斯里蘭卡短尾鸚鵡（Sri Lanka Hanging-Parrot）

【1,000斯里蘭卡盧比背面】
◎Malpadaysa舞
一名舞者及一名Dawul Bera之鼓手
右上側有守衛石

【5,000斯里蘭卡盧比
正面】
◎Weheragala大壩
背景是Canyon大壩
左下為淡黃蝶（Lemon
Migrant）
右上為黃耳鵯
（Yellow-eared
Bulbul）

【5,000斯里蘭卡盧比背面】
◎一名Nagaraksha舞者及一名
Gururaksha舞者，一齊演出。
右上側有Rathnaprasadaya守
衛石

一鈔一世界

這套2011年新版的斯里蘭卡鈔票有20元、50元、100元、500元、1,000元及5,000元六種，最低面額（20元）與最高面額（5,000元）相距甚大。斯里蘭卡孤懸在印度東南海面，過去貧窮、戰亂、暴力接連不斷（90%的僧迦羅人，10%的泰朱爾人，一向不睦），現內亂已平（見附圖1,000元紀念鈔）。從鈔票的主題可看出國家未來方向──發展、繁榮、重視本土化，正面是斯里蘭卡的建設成就及大自然的鳥類、蝴蝶，背面則是各地傳統舞者形象及著名守衛石，此套作品是在全國性競賽脫穎而出的，在南亞，甚至亞洲諸國堪稱典雅秀麗，精美絕倫。

值得一提的是，上一版2,000元正面之獅子岩壁畫古色古香──天堂仕女，拈花微笑，心境圓融，韻味悠長，久久不已，將其附於後鑑賞之（見附圖2,000元舊鈔）。

【附圖1　1,000元紀念鈔】

【附圖2　2,000元舊鈔正面：世界遺產──獅子岩】

【附圖2　2,000元舊鈔背面：岩壁內壁畫──天堂仕女，拈花微笑】

第四篇 西亞
West Asia

- 依地理上習慣，西亞有以下幾個國家（依照英文字母排序）：巴林、賽普勒斯、伊朗、伊拉克、以色列、約旦、科威特、黎巴嫩、阿曼、卡達、沙烏地阿拉伯、敘利亞、土耳其、阿聯及葉門。

- 西亞人民因受沙漠氣候影響，大多以游牧為主，只有少數（兩河流域、地中海沿岸）發展農業。20世紀西亞發現了豐厚石油，如伊朗、伊拉克、科威特、阿聯、卡達及沙烏地阿拉伯，蘊藏量幾占世界三分之二，一夜致富。有些國家如巴林、卡達及阿聯，除了石油業外，朝觀光業、煉鋁業轉型。

- 西亞位於歐亞非三洲交叉點，為兵家必爭所在，加上石油、水源、宗教、民族（庫德族）因素，多次以阿衝突、兩伊戰爭、海灣戰爭、聖地（耶路撒冷）爭奪，戰火連綿不斷，常是多事之秋。

- 西亞很多國家幣值很高，如科威特、巴林、阿聯、約旦、卡達與阿曼。其中科威特幣1元約當新臺幣120元，比美金、歐元、英鎊都大。而伊朗及前土耳其幣都有嚴重之通膨。在西亞鈔票中以卡達最精緻。塞普勒斯雖屬西亞，但已使用「歐元」，故不列放本篇中。在西亞鈔票中，各國國王、代表性清真寺處處可見其蹤影。

巴林 生命之樹
Bahrain

⑤ ⑩ 50 100

面積：760平方公里
人口：約130萬人
首都：麥納瑪(Manama)
幣值：第納爾(Dinar BHD)
　　　　1美元≒0.38BHD

19世紀後期，巴林成為英國的保護國，1971年巴林宣布獨立，為一酋長國，並為伊斯蘭教地區。國旗使用紅白色並以鋸齒分開，原先為八鋸齒，代表八個部落組成，現改為五鋸齒，即回教的五功──念功、拜功、課功、齋功、觀功。

　　巴林盛產石油，並是海灣地區金融、貿易、配送中心。巴林具有較高的人類發展指數（HDI），美國第五艦隊亦駐紮於此，在波斯灣具重要地位。

【1/2第納爾正面】
◎巴林老法院（Old Bahrain Court）
內含宗教法庭（以眼還眼，以牙還牙）

【1/2第納爾背面】
◎巴林國際賽車場（Bahrain International Circuit）
巴林國際賽車場位於首都西南方，由F1賽道設計師德國赫曼‧蒂爾克(Hermann Tuke)設計，長達
5,411公尺，擁有五萬座位，視野良好，球迷在比賽中得以一飽眼福，也透過新聞向全世界實況
報導。

【1第納爾正面】
◎巴林第一所學校──Al Hedaya Al Khaliflya School
巴林原來文盲甚多，後來國家重視教育發展，現在年輕人識字率已高達99%，是中東波斯灣地區，教育程度最高者。

【1第納爾背面】
◎右側是奔馳中的阿拉伯純種馬，為游牧民族貝都因人視為珍寶，全身光滑無雜毛，聰明、活躍、有耐力，是馬術比賽中之常勝軍。
左側是位於首都之航海紀念碑（Sail Monument），碑牌由兩邊各一塊大風帆，中間夾著一顆大珠構成，象徵巴林是波斯灣海上交通之要衝，且此地盛產珍珠。

【5第納爾正面】
◎左下是瑞法古堡（Riffa Fort），歷史悠久，曾歷經亞述戰爭，1522年葡萄牙人再度整建，現成伊斯蘭古堡。左上是穆哈拉格（Al-Muharraq）的伊薩·本（Isa Bin）家族的老宅內院。

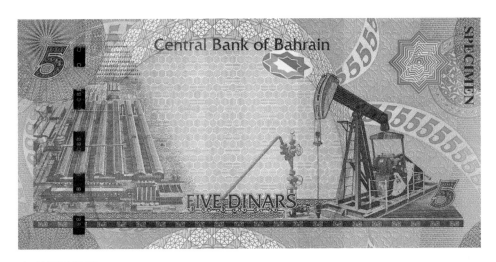

【5第納爾背面】
◎右側是1932年巴林的第一口油井。巴林現成為重要的產油國，運用原油提煉的獲利，發展煉油、鋁業、造船。
左側是巴林鋁業的精煉廠，巴林今日已成全球鋁業重心，鋁業也替巴林帶來巨大利益。（註：據經濟學人The Economist 2017年版資料，世界十大產鋁國──中國、俄羅斯、加拿大、阿聯、印度、美國、澳洲、挪威、巴西、巴林。）

【10第納爾正面】

◎哈馬德‧本‧伊薩‧阿勒哈利法 (Sheikh Hamad Bin Isa Al-Khalifa, 1950-)

1999年在繼承父親王位之後，開始改革，不但授與婦女投票的權利，還舉行競選活動支持議會，在2002年後正式被稱為國王，有別以往的酋長，使巴林成為一個真正的國家（以前僅稱埃米爾為酋長國）。

【10第納爾背面】

◎用已故沙烏地阿拉伯國王（Sheikh Isa Bin Sulman）名字命名的法赫德國王跨海大橋（King Fahd Causeway），連結巴林與沙烏地阿拉伯，全長25公里，一度為世界第一（青島膠州灣大橋，全長41.6公里，是目前世界最長跨海大橋）。

【20第納爾正面】
◎哈馬德‧本‧伊薩‧阿勒哈利法（Sheikh Hamad Bin Isa Al-Khalifa, 1950- ）

【20第納爾背面】
◎位於首都的麥納麥大清真寺（Manama Grand Mosque），是巴林最大之清真寺，現又加入國家圖書館，又稱為法塔赫伊斯蘭中心（Al Fetch Islamic Centre）。

一鈔一世界

巴林位於波斯灣西南部，由30多個島嶼組成，境內無鐵路，首都與主要城鎮有公路相連，連接巴林與沙烏地阿拉伯的跨海大橋最有名（10元背面）。

巴林石油、天然氣資源豐富，再利用油源來煉鋁（5元背面）。豐富的海底珍珠，舉世聞名，如今珍珠市場已漸蕭條，但繁榮時期的輝煌，無法否認。

巴林為伊斯蘭國家，可見美輪美奐的清真寺（20元背面），及宗教法庭（1/2元正面）。但巴林社會比較開放，得利於當今哈馬德國王，相當積極改革（10元、20元正面），使巴林成為海灣地區的金融中心及貿易自由港。由於巴林具有穩定的勞資關係和相對良好的教育（1元正面），巴林被認為是中東地區最佳商務環境（1/2元背面）。

巴林鈔票之幣值很大，是美元的2.66倍之多，巴林系列之紙鈔1/2元、1元、5元、10元、20元之5個品種與美元相同，均採同一尺寸，它是154mm×74mm。

伊朗 波斯文明
Iran

面積： 164.8萬平方公里（世界第18）

人口： 約7,850萬人（世界第17）

首都： 德黑蘭(Tehran)

幣值： 里亞爾(Rial IRR)

　　　　1美元≒32,860IRR

　　國旗以綠、白、紅三色為底，國徽位於中央，由可蘭經、劍、四彎月組成，是伊斯蘭教極致代表。綠色、白色、紅色分別象徵伊斯蘭教信念、和平、勇敢。綠色與紅色的邊緣用阿拉伯文寫著：「阿拉是最偉大的」，上下各十一句，以紀念2月11日革命成功。

　　伊朗屬伊斯蘭教什葉派，教規甚嚴，連女性觀光客也要包頭巾，且嚴禁飲酒，一經查獲，嚴厲處分。伊朗擁有豐富的石油及天然氣，國外投資少，人民僅求溫飽。

【1,000里亞爾正面】
◎賽義德・魯霍拉・霍梅尼（Seyyed Ruhollah Musavi Khomeini, 1902-1989）

賽義德・魯霍拉・霍梅尼是一位伊朗什葉派宗教學者，也是1979年伊朗革命的政治和精神領袖。他不但推翻了伊朗國王穆罕默德・禮薩・巴勒維，還被許多什葉派穆斯林當作精神領袖。從推翻國王開始擔任伊朗的最高精神領袖直到1989年去世，在位期間發生了著名的兩伊戰爭，及撒旦詩篇事件冒犯伊斯蘭教，下達追殺英國人魯西迪的命令，因而聞名。霍梅尼被許多人認為是20世紀最有影響力的人物之一，被列為1979年《時代》雜誌的「年度人物」。在世之時，強制對男女衣著規定，禁止非宗教之音樂。

【2,000里亞爾正面】

【5,000里亞爾正面】

【10,000里亞爾正面】

【20,000里亞爾正面】

【50,000里亞爾正面】

【100,000里亞爾正面】

【1,000里亞爾背面】

◎薩赫萊清真寺（Al Sakhra Mosque）又稱金頂清真寺

於691年建造，為八角型清真寺。覆蓋圓頂的24公斤純金箔在陽光下雄偉而炫目，座落於耶路撒冷，傳說是穆罕默德騎馬昇天之處。該寺與麥加大清真寺、麥地那先知寺合稱三大伊斯蘭教聖地。

【2,000里亞爾背面】

◎麥加的喀爾白清真寺，是伊斯蘭教第一聖寺，有7座尖塔（世界唯一的7尖塔），高15公尺，喀爾白也叫做天房。伊斯蘭的傳說是亞伯拉罕建造了喀爾白。有名的一塊黑石頭就放置在一個角落裡。穆斯林相信喀爾白玄石是真正賜給亞伯拉罕的，作為對他的虔誠信仰的賞賜。這塊黑石頭代表了神與人之間的契約關係。伊斯蘭教徒赴麥加朝聖，是一生最大希望，必繞黑石七圈才算完成朝聖儀式。

【5,000里亞爾背面】

◎伊朗東部地區扎布爾（Zabol）這座被認為伊朗最早的城市（與蘇美文明同期）所出土的陶器，在鈔票右邊的一件，其圖案是一岩羊吃樹葉，另一件則是15號遊戲盤。
大量文物保存完好，成為研究西元前3000年社會百態的重要依據。

【10,000里亞爾背面】
◎哈菲茲墓（Tomb of Hafez）
沙姆斯汀・穆罕默德（Shamsoddin Mohammad, 1315-1390），哈菲茲（Hafez）為其筆名，是最有名的波斯抒情詩人，常被譽為詩人中的詩人。他死後20年，在其出生的設拉子（Shiraz）郊外建造了一座陵墓以紀念他。鈔票上的建物為1930年由法國建築師安德烈・戈達爾設計建造，在漢白玉墓棺上刻有他兩首名詩。

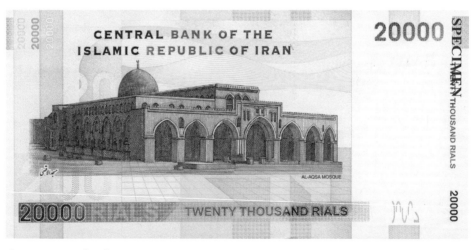

【20,000里亞爾背面】
◎格勒斯坦皇宮
格勒斯坦皇宮興建於十九世紀中葉，是伊朗少有的歐式建築。當時的卡札爾國王受到歐洲各國邀請，到歐洲各地遊覽，於是對歐洲華麗的建築留下深刻印象，回國後即下令興建這座皇宮。在革命過後，現在已經開放成博物館。
它位於伊斯法罕(Isfahan)的霍梅尼廣場(Khomeini Square)，以前稱為國王廣場，面積廣大，建築豪華，氣勢攝人！

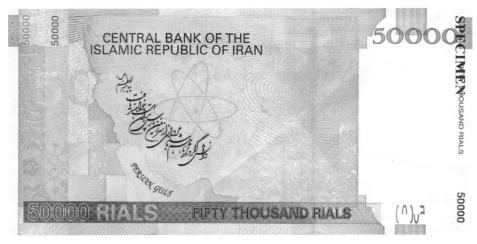

【50,000里亞爾背面】

◎鈔票上有伊朗版圖及核子符號——電子圍繞原子核運動的標誌，上有一行穆罕默德名言「如果科學存在星際，波斯人就要到達」。

譯成英文 "If the science exists in this constellation, men from Persia will reach it."

【100,000里亞爾背面】

◎波斯詩人薩迪（Saadi, 1184-1291）的陵墓，他多才多藝，創作許多可歌可泣的散文與詩歌，其中最有名作品有〈果園〉、〈玫瑰花園〉、〈愛情詩歌〉等，人們爭相傳頌，是文學珍貴遺產。

其名句「亞當子孫皆兄弟，造物之初本一體」（Human beings are members of a whole, In creation of one essence and soul.），現被懸掛在聯合國總部，作為團結全人類口號。

【500,000里亞爾正面】
◎伊瑪目雷薩聖壇(Imam Reza Shrine)。什葉派第八代伊瑪目阿里在此被毒害，因而造聖壇，每年成千上萬人來此朝聖。

【500,000里亞爾背面】
◎阿拉伯之紋飾

【1,000,000里亞爾正面】
◎古波斯帝國大流士皇宮（Palace of Darius）遺址，其下有萬邦來朝之浮雕。

【1,000,000里亞爾背面】
◎阿拉伯之紋飾

一鈔一世界

伊朗素有歐亞陸橋之稱，戰略地位重要，境內多高原及山地，其中達馬萬峰海拔5,771公尺，為西亞第一高峯。

1979年伊朗最後一個國王巴勒維王朝被推翻，建立今日的伊朗伊斯蘭共和國，精神及政治領袖就是霍梅尼（Khomeini）（此一系列之正面）。

伊朗文化悠久，在伊朗國家博物館收藏各個歷史時期的發掘文物，其中有東部地區札布爾（Zabol）的陶器（5,000元背面）、干里海的赤陶、洛雷斯坦的銅器、漢摩拉比法典等。伊朗古城除西亞明珠的德黑蘭、歷史古都的伊斯法罕、東方聖城的馬什哈德外，還有詩人故鄉的設拉子，這裡產生兩位著名的大詩人——薩迪和哈菲茲，在此可憑弔詩人陵園，是波斯文明之發源地。（10,000元及100,000元背面）

石油工業是伊朗支柱產業，也發展紡織、食品、皮革、地毯業。伊朗受戰爭期間破壞之後，制定了幾個五年發展計劃，發展核能及太空探索（50,000元背面）。

伊朗鈔票之價值比較低，一美元可兌換三萬二千元以上之伊朗幣，由於伊朗通貨膨脹率高，所以不斷有高額鈔票出現，同時，設計與製作每況愈下。為了平息高通膨，計劃將去掉現行面額三個零，即舊鈔1,000元換新鈔一元。

新發行的500,000里亞爾，開始正、背面沒有了霍梅尼。它是位於伊朗的馬什哈德之伊瑪目雷薩聖陵。（第八代伊瑪目阿里葬於此）

【附圖】

【新500,000里亞爾正面】

【新500,000里亞爾背面】

伊拉克 空中花園
Iraq

⑤ ⑩ 50 100

面積：43.8萬平方公里（世界第58）

人口：約3,480萬人（世界第38）

首都：巴格達(Baghdad)

幣值：第納爾(Dinar IQD)
1美元≒1,000IQD

黑白、紅綠雙對色是伊斯蘭教傳統的色彩，中間的文字為阿拉伯文：「偉大的真主」。

伊拉克就是古代所謂巴比倫，兩河流域的肥沃月灣由於長期為各族爭奪，有多重文化交融。伊拉克經兩伊戰爭、波斯灣戰爭、美伊戰爭後，元氣大傷。過去經濟多依賴石油輸出，因受禁運，人民生活困頓，海珊倒臺後，一切尚在復原中。

【50第納爾正面】
◎穀倉
兩河流域的巴士拉（Basrah）港，可以提供大規模的裝貨和運送，有「穀倉」之稱。巴士拉是連接波斯灣及內河水系的樞紐，是伊拉克第一大港。

【50第納爾背面】
◎棕櫚樹（*Trachycarpus fortunei*）
棕櫚樹是伊拉克最常見的生產作物，伊拉克也是世界最大出口國之一。棕櫚樹是常綠喬木，樹姿挺拔，可製棕櫚油。

【250第納爾正面】
◎阿拉伯星盤Astrolabe
星盤是早期科學儀器的其中之一，它能測量一整天的時間，還能測量高度和緯度。中世紀時，阿拉伯天文學家進一步研究這項儀器並開發它，這使得星盤有助於確定齋戒時間。

【250第納爾背面】
◎螺旋尖塔——薩瑪拉清真寺
（Great Mosque of Samarra）
這座螺旋尖塔位於薩瑪拉城，塔高52公尺，建於西元837年。當時的薩瑪拉城為阿巴斯帝國的首都，這座建築是阿巴斯王朝的傑作。

【500第納爾正面】
◎Ducan水壩
水壩位於Sulaimania Governorate的Al Zab Dowside河上。這座水壩是以混凝土製造而成，是伊拉克重要水利工程。

【500第納爾背面】
◎這是一個巨大的五腿雙翼守護神獸雕像，名曰拉瑪蘇Lamassu，由亞述人所雕刻，神獸身長4.42公尺，重量超過10公噸。它是亞述國王薩爾貢二世（Sargon II 西元前721-705在位）將首都遷移至Ninava市時所建造的。

【1,000第納爾正面】
◎金第納爾
金第納爾是第8和第9世紀時，阿巴斯王朝期間被廣泛使用的硬幣。

【1,000第納爾背面】
◎瓦斯塔尼門（Babal-wastani）
瓦斯塔尼城門上有高塔，塔上有《古蘭經》銘文和磚飾，現已移置穆斯坦色利亞赫大學（Al-Mustansiri-yah University）內。城門的東南方有舉世聞名的巴比倫古城遺址，著名的「空中花園」是古城內最讓人讚嘆的神奇建築，被譽為世界古代七大奇蹟之一。

【5,000第納爾正面】
◎溝壑阿里瀑布（Gully Ali Beg）
溝壑阿里峽長10公里，介於Kork山和Nwathnin山之間，瀑布由高800公尺的地方翻滾而下，景觀十分壯麗雄偉。

【5,000第納爾背面】
◎烏赫地伊城堡（Fort Al Ukhaidhir）
海珊和伊朗之間的戰爭持續了8年，損耗巨大。在此期間，海珊為自己安全，建造一座豪華地堡，作為戰時之總指揮所。

【10,000第納爾新鈔正面】
◎巴格達市中心的Altahreer自由紀念碑
由雕塑家Jawad Saleem所設計

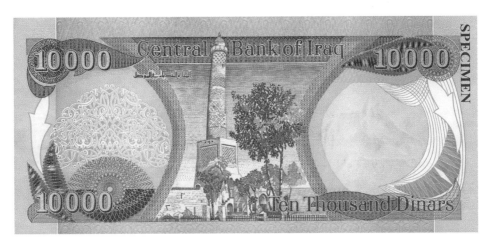

【10,000第納爾背面】
哈德巴（Hadba）尖塔位於伊拉克第三大城摩蘇爾（Mosul）的Nurid清真寺裡，在1172年時由當時的土耳其統治者Nurridin Zangi修建。這座尖塔高59公尺，現已傾斜為斜塔。

【25,000第納爾正面】
◎庫德族的農婦，背景則是一臺拖拉機。（註：庫德族有幾千萬人，但散居於伊拉克、伊朗、土耳其等國，反而成為少數民族。）

【25,000第納爾背面】
◎漢摩拉比 (Hammurabi)
西元前1772年，漢摩拉比 (Hammurabi)國王曾為人類寫第一部法律，叫做Hammurabi法典，是現存最早的完整法典。內容廣泛，包括租金、醫療、財產、誣告、偷竊。最著名的196條及197條，寫著「以牙還

牙，以眼還眼，以命抵命」，以當時文明而言，強調公平、公正觀念，名譽遠播。真品保存在巴黎羅浮宮。
鈔票之下方有獅子及馬，均是伊什塔爾城門上的浮雕。

【50,000第納爾正面】
◎正中央是蘆葦屋，前有水牛、野鴨、美麗的溼地風光。左側是漁民在作業，右側為伊拉克輪廓圖，上標著幼發拉底河與底格里斯河沖積而成的兩河流域。

【50,000第納爾背面】
◎正中央是幼發拉底河的水車，岸邊有棕櫚樹。
右側是庫爾德斯坦的Gsli Ali Beg瀑布。

一鈔一世界

伊拉克這個有美索不達米亞平原的國家，是人類文明發祥地——巴比倫的古老國家（25,000元背面、250元正面、10,000元正面、500元背面、1,000元正面），在歷史上是先進者。此處人口稠密，農業發達（50元正面、25,000元正面、50,000元正面），有很好的灌溉工程（5,000元正面及500元正面、50,000元背面）。

椰棗在阿拉伯國家是重要必需品，每年9月15日是椰棗節，而伊拉克是全世界最大椰棗生產國，每逢此佳節，伊拉克各地都要大力慶祝（50元背面）。

伊拉克有95%人民信奉伊斯蘭教，其中什葉派54.5%，遜尼派40.5%，到處可見宏偉清真寺（10,000元背面、250元背面）。

伊拉克在1980-1988年爆發長達8年的兩伊戰爭，1991年又有對科威特海灣戰爭，2003年3月20日美國對伊拉克開戰。為防止戰爭之摧毀，海珊總統建立了堅固的地下城堡（5,000元背面）。海珊被稱為殘暴巴比倫雄獅，伊拉克人愛恨矛盾，最後海珊政權仍被推翻。讓我們從鈔票上看看前伊拉克的傳奇人物——海珊。（附圖）

【附圖】

以色列 大衛之星
Israel

面積：2.1萬平方公里

人口：約780萬人

首都：耶路撒冷(Jerusalem)

幣值：新謝克爾(Shekel ILS)
　　　1美元≒3.65ILS

藍、白兩色來自猶太教徒祈禱時用的披肩顏色，表示淨潔，中央圖案是大衛王盾牌上的標誌，是猶太人的象徵，稱為「大衛之星」，為以色列祈求平安。

　　現今以色列為古代巴勒斯坦地區，被猶太人認定上帝賜予的應許之地，據此而建國。在此曾孕育世界最古老一神教──猶太教，為今日以阿戰爭埋下火種。耶路撒冷成為猶太教、基督教、伊斯蘭教三教之聖城，由於是旅遊聖地，每年吸引上百萬外國遊客。以色列有名的集體農場，可輸出水果。通訊、電子、軍火等工業發展迅速。是少數規定女人也要當兵的國家。

【20新謝克爾正面】
◎摩西‧夏瑞特（Moshe Sharett, 1894-1965）
是俄裔猶太人，1948年Moshe Sharett成為以色列第一任外交部長，1954年起擔任二年總理，最大成就是1949年的停戰協議。
背景是1949年5月12日以色列國旗在聯合國大廈前飄揚，文字稿是Sharett在聯合國之演說。

【20新謝克爾背面 】
◎第二次世界大戰的猶太人特種部隊志願軍，其上有立國前之展望臺，文字是Sharett訪問義大利猶太軍後之演講稿。

【50新謝克爾正面】
◎撒母爾‧約瑟夫‧艾格儂（Shmuel Yosef Agnon, 1888-1970）
艾格儂是第一個贏得諾貝爾文學獎(1996年)的猶太作家。背景是Agnon私人之藏書，文字為獲得諾貝爾文學獎在受獎時發表之演說。

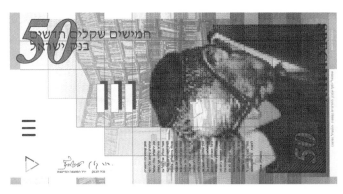

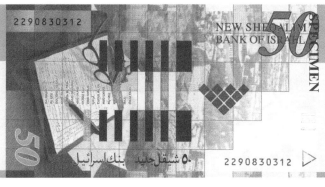

【50新謝克爾背面】
◎Agnon寫作工作臺的筆記本、筆和眼鏡。文字是Agnon所寫十六本書之書名。

【100新謝克爾正面】
◎伊扎克・本・茲維 (Itzhak Ben-Zvi, 1884-1963)
Itzhak Ben-Zvi是一位史學家，也是猶太復國主義的領導者，曾擔任第二任以色列總統（1952-1963），也是服務人民時間最久的總統。背景是總統官邸內部之結構，文字部分是他在葉門人居住社區的集會演講。

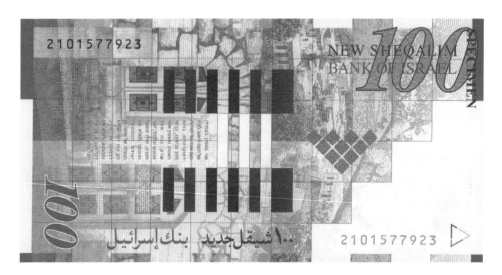

【100新謝克爾背面】
◎Peki猶太教堂
一座位於以色列小鎮Peki的猶太教堂，是民眾崇拜猶太宗教的聖地。背景是由教堂鳥瞰Peki小鎮，文字部分是Ben-Zvi在總統就職典禮上之演説詞。

【200新謝克爾正面】

◎札勒曼‧夏扎爾 (Zalman Shazar, 1889-1974)

Zalman Shazar是一位作家、歷史學家、詩人，也是一位政治家，最後擔任1963至1973年的第三位總統。1944到1949年時，Shazar成為教育部長，這時他所提出的義務教育，也順利地於1949年經國會通過。背景是小學教室與學生，文字部分是Shazar在1949年6月13日為〈義務教育法〉發表之演講。

【200新謝克爾背面】

◎卡巴拉教派之宗教中心

文字部分取自Shazar在1950年發表的散文——〈你的崗哨，不安全〉中之詞句。

一鈔
一世界

以色列歷史悠久，是世界主要宗教發源地，西元前63年羅馬人入侵，將大部分猶太人趕出。19世紀末，歐洲猶太人發起猶太復國運動，1948年5月14日以色列國正式成立。1948-1973年爆發四次以阿戰爭，當年之復國建國為之不易，鈔票上之人物都是身歷其境的關鍵人物。（附圖舊鈔──古城門）

以色列鈔票正面都是政治家、文學家，背面都有相關性畫面陳列，不管正背面都有一段個人之講稿或文詞，以審美觀點而言，以色列鈔票與瑞士鈔票可列同一級，相當典雅優美。

以色列銀行計劃陸續發行新版謝克爾，由20元、50元、100元及200元四種面額鈔票構成，由直式改為橫式鈔票。新版鈔票人物為2男2女共4名詩人，他們分別是：納坦·奧爾特曼（Natan Alterman）、李·戈德堡（Leah Goldberg）、索爾·特切爾尼喬夫斯基（Shaul Tchernichoysky）及拉赫爾·布勞斯坦（Rachel Bluwstein）。其中李·戈德堡和拉赫爾·布勞斯坦為女性詩人（目前僅推出50及200鈔票，未出齊）。

值得一提的是，此四人均為外國人後裔：奧爾特曼出生在波蘭華沙；戈德堡的父母是立陶宛人；特切爾尼喬夫斯基帶有純正的俄國血統，他出生在現今烏克蘭的克里米亞；而布勞斯坦的出生地在俄羅斯的薩拉托夫。

以色列銀行確信在新鈔上介紹詩人的肖像，將有助於使以色列的年輕一代了解這些文化先人對以色列社會和國家的貢獻，從而引發對詩人愛國熱忱的激賞。

【新鈔介紹】

【50新謝克爾新鈔正面】
◎詩人 (Shaul Tchernichoysky, 1875-1943)
背景是柑橘樹和橘子，設計元素取自其著名詩篇〈春天果園的清香〉。

【50新謝克爾新鈔背面】
◎古希臘科林斯圓柱。Shaul Tchernichoysky曾大量翻譯古希臘文學，圓柱取材〈有相信〉詩歌的片段。

【200新謝克爾新鈔正面】
◎以色列詩人納坦·奧爾特曼（Natan Alterman, 1910-1970）
背景為秋葉，源自其詩詞〈永恆的相遇〉的名句——你暴風驟雨的沖向我

【200新謝克爾新鈔背面】
◎月光下的植物，取自詩歌〈晨歌〉片段。

【附圖】
大馬士革門

【附圖】
錫安門

約旦 七山之城
Jordan

(5) (10) [50] [100]

面積： 8.9萬平方公里
人口： 約700萬人
首都： 安曼(Amman)
幣值： 約旦第納爾(Dinar JOD)
1美元≒0.71JOD

國旗使用阿拉伯國家常用的紅、黑、白、綠四色，也代表四個王朝，白色七芒星代表可蘭經第一章的七節——「阿拉是唯一真神」。約旦與以色列有一條約旦河通往死海，為兩國界河。以前兩國相爭，緣於民族、宗教、土地；今天「水權」之爭，成為新的焦點。約旦位處中東，但不產石油，而死海海水可提煉鉀鹽，人民常到波斯灣富國當移工，爭取僑匯。

【1約旦第納爾正面】

◎約旦君王侯賽因‧伊本‧阿里 (Sharif Hussein Ibn Ali, 1853-1931)

Sharif Hussein Ibn Ali在1908到1917年時擔任約旦君主，並受國際上的認可。1924年，他進一步自稱為伊斯蘭教中穆罕默德的繼承人。他不但統治了Hejaz（漢志），還擊敗了Abdul Aziz Al Saud。晚年時他放棄王位，由兒子阿里繼承，開啟下一個統治時期。

【1約旦第納爾背面】

◎1916年6月，阿拉伯半島的漢志（Hejaz）地區的阿拉伯人群起反抗土耳其帝國之統治，史稱阿拉伯大起義（Great Arab Revolt）（時值第一次世界大戰，土耳其與德結盟，1918年約旦在英國慫恿下起義），鈔票中間有一枚古代阿拉伯的銀幣。

【5約旦第納爾正面】

◎約旦第一任國王　阿布杜拉‧伊本‧侯賽因（Abdullah Ibn al-Hussein, 1882-1951）

Abdullah Ibn al-Hussein是Hashemite Husayn Ibn Ali的兒子，阿布杜拉在第一次世界大戰親英，1921年在英國的保護下，開始和英國交涉，希望能獲取獨立，終於在1946年5月25日這個日期正式獨立。總理在阿布杜拉之下組成了18個政府，每個酋長有各自的管轄區，並管理長達23年。阿布杜拉是他那一世代之中的阿拉伯領導者，他總是以謙虛的態度獲得大家的肯定。

【5約旦第納爾背面】

◎馬安宮（Ma'An Palace）

【10約旦第納爾正面】

◎約旦第二任國王塔拉勒‧伊本‧阿布杜拉 (Talal I Ibn Abdullah, 1909-1972)

Talal I Ibn Abdullah於1951年7月20日擔任約旦國王,直到他患有精神分裂症後,被強迫退位。

Talal繼任王位是在他父親遭人刺殺後,而身為長子,也是責無旁貸。

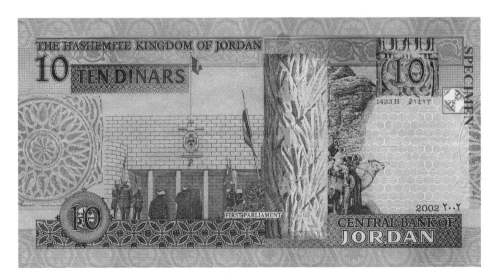

【10約旦第納爾背面】

◎約旦第一議會大廈 (First Jordanian Parliament Building)

約旦為一個世襲的君主立憲制國家,立法權屬於國王和議會。

【20約旦第納爾正面】
◎約旦第三任國王侯賽因‧伊本‧塔拉勒 (Hussein Ibn Talal, 1935-1999)
侯賽因在他父親Talal國王於1952年放棄王位後，以長子身分被加冕成為國王。由於侯賽因是對外宣告的國王，在1952年8月11日時，他才16歲，是在法律成年年齡之下，因此他延後登基一年，於1953年5月正式登基。背景是阿布杜拉一世國王清真寺（King Abdullah I Mosque）。

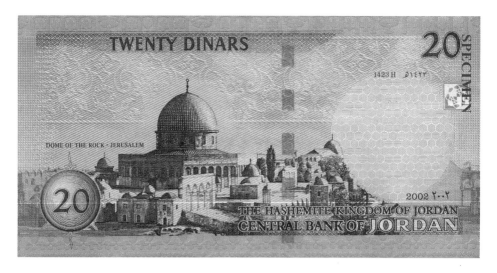

【20約旦第納爾背面】
◎薩赫萊清真寺（Al Sakhra Mosque）
世界著名的清真寺，位於耶路撒冷老城區東部聖殿山上，是傳說中穆罕默德「夜行與登霄」之地，與麥加大清真寺、麥地那先知寺並稱三大聖地，又稱聖岩清真寺，或金頂清真寺。

【50約旦第納爾正面】
◎第四任國王阿布
杜拉‧伊本‧侯賽
因（Abdullah Ibn al-
Hussein, 1962-）
Abdullah Ibn al-Hussein
是約旦王國現任的國
王。他於1999年2月7
日繼承了父親侯賽因
的王位，並聲稱是穆
罕默德（Muhammad）

四十三世代直接後裔。在Abdullah Ibn Al-Hussein統治下，約旦的經濟有了改進，並提倡穆斯林
和基督徒彼此和平、容忍和共存。

【50約旦第納爾背面】
◎拉格丹（Raghadan）
宮殿
1926年修建Raghadan，
運用安曼南部的石頭作
為外部裝飾。它的窗口
使用類似在耶路撒冷的
al Aqsa清真寺的玻璃，
宮殿以木材製成，外觀
相當秀麗。這座宮殿曾
經作為國王的住家，並
被使用來作皇家法院的辦公室。

一鈔
一世界

約旦在16世紀歸屬鄂圖曼土耳其帝國，第一次世界大戰在英國策動
協助下，發起阿拉伯大起義，反抗鄂圖曼（1元鈔票背面）。
爾後約旦成為君主立憲制國家，權利掌握在國王為首的王室手中（
鈔票1元、5元、10元、20元、50元正面為歷代國王，5元及50元背
面為宮殿）。1991年6月9日侯賽國王正式宣布解除長達33年的黨
禁，實施議會政治（10元背面），國王自稱是穆罕默德後代，特別
在20元背面出現穆罕默德騎馬昇天的金頂清真寺。
約旦鈔票主要是以該國國王的圖像為主，每張鈔票的正面是歷任的
國王，而背面則多為富有回教風格的宮殿及清真寺，不但簡單的道
出約旦的歷史和國家領袖的重要性，也展現他們最具特色的文化。

科威特 *海灣油國*
Kuwait

⑤ ⑩ 50 100

面積：1.8萬平方公里
人口：約250萬人
首都：科威特(Kuwait)
幣值：科威特第納爾(Dinar KWD)
　　　　1美元≒0.31KWD
　　　　1KWD=3.3美元

科威特仍採用伊斯蘭教傳統的黑、白、紅、綠四色，綠色象徵富裕大地，白色代表純潔，紅色就是勇氣，黑色則表示堅貞的人民。曾在波斯灣戰爭受伊拉克入侵，現已完全重建。科威特是沙漠國家，飲水來自海水蒸餾，擁有世界10%的石油、天然氣，變得非常富裕，有極佳的社會福利，基層勞動力皆來自移工。

【1/4第納爾正面】
◎科威特解放塔 (Liberation Tower)
建立於1970年，高372公尺，提供通訊服務，當時排行世界第五(僅次多倫多、莫斯科、上海、可倫坡)，有旋轉餐廳及快速電梯，是科威特重要地標。右上為國徽。

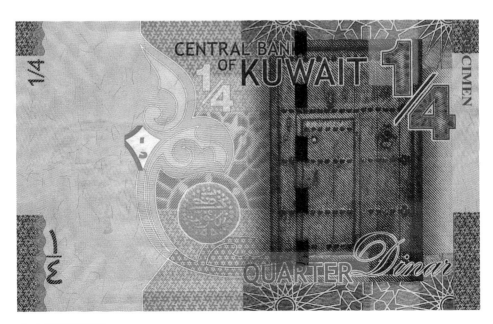

【1/4第納爾背面】
◎右側為科威特傳統木門，令人發思古之幽情，左側為科威特最早之鑄幣

【1/2第納爾正面】

◎科威特塔（Kuwait Towers），與皇宮一街之隔，由三座塔巧妙組合，主塔187公尺，中塔147公尺，小塔113公尺。雄偉的塔體安穩支撐著巨大球體，聳入雲霄，它是海水淡化廠加上儲水及觀光設施為一體。因科威特年降雨量甚稀，水資源必須依賴進口，並進行「海水淡化」來供應。科威特塔在1979年完工，有高速電梯直上主塔，可鳥瞰全市景色。中間背景為航行波斯灣之單桅三角帆船，右上為國徽。

【1/2第納爾背面】

◎右側為海龜，分布在全球海域，特別在熱帶、溫帶海域，生存在地球的歷史相當久遠。海龜有洄游性，多數回到出生地進行產卵。

左側為銀鯧，俗稱白鯧，分布在西太平洋及科威特在內的波斯灣。銀鯧呈橢圓形而側扁，是高級之食用魚。

【1第納爾正面】

◎科威特大清真寺(Grand Mosque)，它是科威特最大清真寺，占地4.5萬平方公尺，主體面積2萬平方公尺。大清真寺規模之宏偉壯闊，展現科威特是一虔誠的穆斯林國度。

中間背景是航行波斯灣單桅三角帆船，右上為國徽。

【1第納爾背面】

◎位於科威特法拉卡島的愛奧尼克柱（Ionic order）。法拉卡島是科威特第二大島，與首都隔海相望，現出土大量文物，吸引眾多遊客。

鈔票上的愛奧尼克柱是古希臘三大柱式(另二種是多立克柱及科林斯柱)，柱身有24條凹槽，柱頭有一對向下渦卷裝飾，外觀優雅高貴，廣泛出現在古希臘建築，傳說中亞歷山大大帝軍隊曾來過此島。

【5第納爾正面】

◎科威特中央銀行(Central Bank of Kuwait)，創立於1969年，位於首都，不僅負責鈔票之發行，亦負責證券交易。鈔票上是新總部大樓，在2008年興建，美輪美奐。

中間背景是航行波斯灣單桅帆船，其上為國徽。

【5第納爾背面】

◎右側為煉油廠，左側背景為油輪。科威特是石油輸出國重要成員，石油儲量占世界10%，居第四位，石油為科威特財政收入主要來源及國民經濟主要支柱。

科威特之原油一半用於出口，一半用於煉油，在5元鈔票背面左右側皆可看到。

【10第納爾正面】
◎科威特國民大會堂(Kuwait National Assembly Building)。國民大會由民選國會議員50席組成，來自五大選區，一向什葉派占多數，目前女性尚無選舉權。
背景為航行波斯灣單桅帆船，其上有國徽。

【10第納爾背面】
◎右側為老鷹，左側背景為駱駝，賽駱駝及賽鷹是科威特游牧民族最熱愛的競技，甚受當地居民之歡迎。

【20第納爾正面】
◎位於首都的賽義夫宮(Seif Palace)。此宮覆蓋著藍色磁磚，屋頂鍍上純金，其旁有一著名鐘樓，在第一次波斯灣戰爭被砲彈擊中，現已完全復原。
背景有航行波斯灣單桅帆船，其上有國徽。

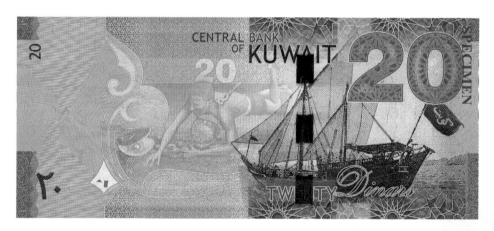

【20第納爾背面】
◎右側為傳統阿拉伯帆船，過去科威特尚未發現石油，曾是以採珍珠為主業的國家之一，左側背景是潛水採珠人，就乘坐此船下海，船員與潛水人合作至海平面下100英尺之貝殼採珠，當時是一危險工作。
為維護此古老傳統文化，政府每年舉辦「採珍珠節」。

一鈔
一世界

科威特全境是平坦沙漠，沒有溪水也沒有湖泊，夏天滴雨不下，除沙漠外，面向波斯灣，是古老貧瘠的土地，在鈔票上可看到過往生活。

科威特之鈔票幣值是全世界最高的，遠遠超過英鎊、歐元，是美元3.3倍高，5元之正面就是發行此一高值鈔票的科威特中央銀行。

鈔票中其著名之建築均在鈔票正面：如解放塔(1/4元)、科威特塔(1/2元)、大清真寺(1元)、中央銀行(5元)、國民大會堂(10元)及賽義夫宮(20元)。鈔票中也表現他們的歷史文化，如傳統木門及古幣(1/4元背面)、古希臘石柱(1元背面)、採珍珠人(20元背面)，更有特有動物如海龜、鯧魚、駱駝、鷹在1/2元及10元背面，還有富可敵國的石油，在5元背面呈現，也是「小而富」的國家啊！

註：【1/4元、1/2元、1元、5元、10元、20元正面的中上圖為國徽】
◎一隻昂首展翅翱翔長空的阿拉伯雄鷹，以雄健的雙翼托起科威特國徽。
內有單桅帆船(Al-Mouhaleb)，下有科威特國旗。

2004年5月在美國德克薩斯成立國際貨幣事務聯合會（International Association of Currency Affairs, IACA），協調及推動國際貨幣發展，每兩年在不同國家召開。其中會選拔年度最佳套鈔獎（Best New Banknote Series Award），2015年此獎由科威特系列獲得，難能可貴，可圈可點。

黎巴嫩 中東瑞士
Lebanon

⑤ ⑩ 50 100

面積：1萬平方公里
人口：約588萬人
首都：貝魯特(Beirut)
幣值：黎巴嫩鎊(Pound LBP)
　　　　1美元≒1,512LBP

　　白色象徵和平和山雪，紅色象徵犧牲精神。黎巴嫩杉是黎巴嫩的國樹，又稱「雪松」，代表堅韌不拔和人民的力量，也象徵國運永生。黎巴嫩居於地中海東端，得天獨厚的東西文化融合在一起，又有舒適宜人的氣候，曾繁華一度，風光一時，使黎巴嫩擁有「中東瑞士」的美稱。黎巴嫩曾陷於內戰，源於基督徒與回教徒的對抗。在內戰前，黎巴嫩是阿拉伯貿易、金融、旅遊中心，推至古早，黎巴嫩就是腓尼基人的基地，如今黎巴嫩失業者眾多，不少人生活在貧窮中。

【1,000黎巴嫩鎊正面】
◎背景是各歷史時代的字母──1,000元面額。

【5,000黎巴嫩鎊正面】

【10,000黎巴嫩鎊正面】

【20,000黎巴嫩鎊正面】

【100,000黎巴嫩鎊正面】

【 1,000黎巴嫩鎊背面 】
◎左下角為國樹雪松，背景為腓尼基字母表。腓尼基字母孕育了希臘字母，甚至是西方文字之起源。

【 5,000黎巴嫩鎊背面 】
◎黎巴嫩銀行的前門

黎巴嫩中央銀行於1964年修建，負責貨幣的發行，它的前門以16個正方形展現建築物象徵。

【 10,000黎巴嫩鎊背面 】
◎黎巴嫩守護神

【 20,000黎巴嫩鎊背面 】
◎幾何設計

【 50,000黎巴嫩鎊正面 】
◎船
西元前1000年左右，當時的腓尼基人用黎巴嫩杉（左上角）來造船（中下），活躍於地中海，且腓尼基國王也曾經贈送黎巴嫩杉給所羅門王建造神殿，因此自古以來，黎巴嫩杉就是黎巴嫩的象徵。黎巴嫩杉又稱雪松，樹幹粗壯，碩大無比，現已列為國寶加以保護。

【 50,000黎巴嫩鎊背面 】
◎幾何圖形

【100,000黎巴嫩鎊背面】

◎鈔票右側有黎巴嫩國徽中的黎巴嫩杉（國樹），中間則為該國的傳統經濟活動──紡織的紡錘、葡萄、小麥。

黎巴嫩在西元前2000年就有腓尼基人，之後受埃及、波斯、羅馬、鄂圖曼（土耳其）統治，一次世界大戰淪為法國管制，到1941年才獨立。鈔票上有浪漫情調，也加上雪松國樹及地中海氣候之物產，畫面有點抽象。

黎巴嫩鈔票圖騰雖簡單，但結合了國家的文化民情，也結合了許多現代化的產物。

一方面承襲阿拉伯藝術之精華，將色彩、線條發揮得淋漓盡致，另方面將西方藝術的色塊、科學化條碼（bar-code）結合，如同阿拉伯地毯一樣精美，吸引愛好者的目光。

以下欣賞二張有黎巴嫩國旗的紀念鈔（與流通鈔不同）：

【黎巴嫩國家獨立70周年50,000鎊紀念鈔】

【黎巴嫩建軍70周年50,000鎊紀念鈔】

阿曼 呵護遺蹟
Oman

⑤ ⑩ 50 100

面積：30.9萬平方公里
人口：約300萬人
首都：馬斯開特(Muscat)
幣值：阿曼里亞爾(Rial OMR)
　　　1美元≒0.39OMR

紅色象徵吉祥，白色象徵和平，綠色代表豐收。左上方的國徽是蘇丹所佩戴的短劍與彎刀，展現對伊斯蘭教堅定的信仰。

　　阿曼有農業，生產棗、花生，也有相當的石油產業。近期推行工業化，不同產業設定不同目標，未達成即遭處罰，是謂「阿曼化」（Omanization）。

【1阿曼里亞爾正面】

◎阿曼蘇丹兼首相卡布斯‧本‧賽義德（Qaboos Bin Said, 1941-），1970年即位為第29代國王，阿曼無憲法及議會，他有極大權力，又極度西化，推行觀光業，並保留先民遺跡，大力改革。圖中為國徽，稱阿曼彎刀(Khanjar)，是男人不可缺乏的飾品。

【1阿曼里亞爾背面】

◎杰拉里城堡(Jalali Fort)，係16世紀葡萄牙人殖民所建，城堡上可欣賞海岸風光，與海水相映，蔚為壯觀。

【5阿曼里亞爾正面】

◎人物介紹同1元鈔

中間為用其名命名的大學──蘇丹卡布斯大學(Sultan Qaboos University)，也是阿曼唯一之大學，學費由政府提供。

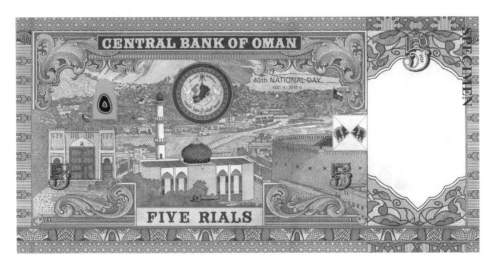

【5阿曼里亞爾背面】

◎位於阿曼中部十七世紀的古城尼茲瓦(Nizwa)之景觀，此地屬綠洲城市，以手工藝品聞名，是貿易、宗教、教育及藝術中心，為內陸地區最大的城市。

【10阿曼里亞爾正面】

◎人物介紹同1元鈔

圖中間為位於Solalah之古老納德哈鐘樓(Al Nahaha Tower)。

【10阿曼里亞爾背面】

◎穆特拉城堡(Muttrah Fort)

此城堡建築結構堅固，與山脊連結一體，峭拔多姿，固若金湯，堡內有市集及傳統商場。

【20阿曼雅正面】
◎人物介紹同1元鈔

中間為阿曼大清真寺(Grand Mosque)，2001年竣工，工期為期6年，是當代伊斯蘭風格，豪華氣派，可容納2萬人禮拜，此為蘇丹在位30年而建，內有世界最大之波斯地毯(20m×80m)。

【20阿曼里亞爾背面】
◎阿曼皇家歌劇院，由於蘇丹喜好古典音樂及藝術，特別打造皇家歌劇院，供全民共享。

【50阿曼里亞爾正面】
◎人物介紹同1元鈔
背景左側是財政部及經濟部大樓，右側是密拉尼城堡（Mirani Fort）與Nizwa、Jalali並稱三大城堡，是葡萄牙人殖民時期所建。

【50阿曼里亞爾背面】
◎阿曼內閣大樓（國王兼首相在此辦公）及工商大樓。

一鈔一世界

新舊建築物是阿曼紙鈔的特色，5元背面是古城，1元背面及10元背面皆古堡，20元背面之歌劇院及50元背面之政府大樓則是現代化之建築。

所有鈔票正面都有蘇丹之肖像，當年他父親因治國保守而停滯不前，在海灣國家中，阿曼相對落後，所以逼其退位，在30歲接任王位，大力改革。阿曼之幣值也很高，是美元的2.6倍。

阿曼的紙鈔是全世界唯一全套採用Spark動態光變磁性油墨及Varifeye紙基塑窗兩項技術的紙鈔。

卡達 九酋長國
Qatar

⑤ ⑩ 50 100

中國譯名：卡塔爾
面積：1.1萬平方公里
人口：220萬人
首都：多哈(Doha)
幣值：卡達里亞爾(Riyal QAR)
　　　1美元≒3.64QAR

卡達國旗的長寬比例為28：11，是世界上最苗條的國旗。國旗有九個鋸齒，代表九個酋長國（現剩七個，鋸齒依舊）。白色是和平的象徵，棕色則代表戰爭的鮮血（棕色在世界國旗中極為少見）。卡達主要資源還是石油及天然氣，糧食都依賴進口，面積僅有1.1萬平方公里。位處沙漠地區，植樹不易，家中樹數代表財力。

卡達因有豐富的石油及天然氣，成為最有錢的國家之一，也在全球各地投資，所經營的卡達航空及半島電視台深具影響力。也成為2022世界足球賽主辦國。

卡達被指控袒護伊朗及恐怖主義者，致近期有九國與卡達斷交，並關閉往來通道，對卡達將造成嚴重打擊。

【1卡達里亞爾正面】
◎面額、國徽及阿拉伯文飾，因金額不同，顏色亦不同。

【5卡達里亞爾正面】

【10卡達里亞爾正面】

【50卡達里亞爾正面】

【100卡達里亞爾正面】

【500卡達里亞爾正面】

【國徽】
◎這個國徽中間的圖騰上有兩把彎
刀交叉成弧形，內含海水、帆船，
象徵該海上貿易和漁業生產，而
高大的棕櫚樹，則象徵豐富的資
源。

【1卡達里亞爾背面】
◎三種卡達本土鳥類：（由左至右）
1.鳳頭白靈（Crested Lark）
2.黃喉蜂虎（Eurasian Bee-Eater）
3.沙鴴（Lesser Sand Plover）。

【5卡達里亞爾背面】
◎卡達國家博物館
位於首都之卡達國家博物館（Qatar National Museum），1975年開幕。卡達國家博物館有卡達建國文物，其中卡達歷史紀念碑，也保存館內。此外還有非常受歡迎的水族館及潟湖。因此對卡達人來說，這是一個相當重要的代表性建築物。建築物前是劍羚（左）及駱駝（右），都是沙漠常見之動物，亦是卡達主要動物。

【10卡達里亞爾背面】
◎單桅三角帆船（Dhow）
為阿拉伯人在沿海航行時使用（早期歐洲人使用「橫帆」，阿拉伯人使用「三角帆」，可逆風行駛），象徵卡達早期之貿易及漁業活動。背景是卡達的烏代德（Al Udeid）入海口之沙丘。

【50卡達里亞爾背面】

◎卡達中央銀行

卡達中央銀行簡稱為QCB(Qatar Central Bank)，建立於1993年，除了發行貨幣，它的角色主要在監督和監測銀行，並負責兌換業務及決定國家貨幣政策。

建築物前有首都多哈的珍珠紀念碑（Pearl Monument），早期卡達的經濟是捕魚與採珠，在1930年，引進日本的養殖珍珠後，養殖珍珠成為卡達之特產。

【100卡達里亞爾背面】

◎前景是多哈大清真寺（Doha Grand Mosque），造型美觀，外表飾以彩色玻璃，是著名建築及旅遊景點。

背景是Al Shaqab馬術學院，騎馬在沙漠是早期男性所必備，進而有賽馬之舉。

【500元卡達里亞爾背面】

◎中央是獵鷹，以前卡達的貴族或有錢人養來做為捕獵之幫手，訓練一隻獵鷹，要花費大量時間與金錢。

建築物前景是Al Wajbah Fortress城堡遺址，背景是卡達皇宮The Emiri Diwan。

一鈔一世界

該國的鈔票特色相當明顯，正面都是阿拉伯文飾，美觀大器，背面除了本土鳥、駱駝和老鷹等外，其他都是卡達具有代表性的建築物或交通工具，讓使用者清楚了解他們的文化背景，更能直接從鈔票上瀏覽這個國家。

卡達這個國家大部分國土是荒漠與沙丘，全境是熱帶沙漠氣候，然而國民所得（人均GDP）近年都名列全球第一，公民生下來居住、醫療、教育都是免費，主辦過亞運，排場勝過別的國家辦奧運。

值得一提的是，卡達的「半島電視臺」於1996年斥資近1.5億美元組建，24小時播放阿拉伯語新聞節目，為阿拉伯世界收視率最高的頻道。

經濟發展主要歸功石油及天然氣豐厚之收入，就連這地區紙鈔印刷品質在世界也是一流的，鈔票正面都是華麗無比的伊斯蘭風格花紋，整張看來，閃閃發光，宛如精美的波斯地毯，正面圖案均相同，而色彩不同，值得品味再三。

沙烏地阿拉伯 黑金王國
Saudi Arabia

(5) (10) [50] [100]

中國大陸譯名： 沙特阿拉伯
面積： 215萬平方公里（世界第12）
人口： 約2,950萬人（世界第44）
首都： 利雅德(Riyadh)
幣值： 里亞爾(Riyal SAR)
　　　　1美元≒3.75SAR

綠色旗面上用白色的阿拉伯文書寫可蘭經的經文，由右至左：「阿拉是唯一的真神，穆罕默德是先知」，下面是一把寶劍，守護伊斯蘭教。綠色是伊斯蘭教最神聖的顏色。因國旗上有「聖文」，在任何狀況下，均不得降半旗。沙烏地阿拉伯的麥加是聖城，現已形成阿拉伯半島最繁盛的朝觀中心及貿易中心。沙國有全球最大的石油蘊藏量，約占四分之一，國人擁有免費教育及醫療，但相對的水資源很缺乏。

沙烏地阿拉伯國王擁有「兩聖地監護人」的頭銜（即麥加、麥地那），自阿布杜拉（Abdulaziz）1932年就位以來，所有繼承者都是其子（兄終弟及）與一般父死子繼的世襲君主制不同，近期每換新王就換鈔票。

【5里亞爾正面】
◎拉斯坦努拉煉油廠
它是沙國國寶，囊括絕大多數的油產，1938年沙國發現石油，徹底改變這個沙漠國家的命運。
背景為魯布哈利沙漠的謝巴油田（Shaybah）。

【5里亞爾背面】
◎在沙漠中盛開的野花，最有名的是「沙漠玫瑰」，屬被子植物，喜日照，對水需求極低，全年
有花，花色如紅玫瑰，故有「沙漠玫瑰」之稱。

【10里亞爾正面】
◎薩勒曼國王（Salman 1935-）
背景為沙烏地阿拉伯王宮──位於利雅得的四方宮（Murabba Palaq）。

【10里亞爾背面】
◎利雅得高樓林立的阿布杜拉國王金融中心
沙國在過度依賴石油資源半個世紀以上之後，決定開發「阿布杜拉國王金融中心」，吸引更多金
融服務公司進駐，急起直追鄰國杜拜。

【50里亞爾正面】
◎薩勒曼國王（Salman 1935-）
背景是耶路撒冷的金頂清真寺。

【50里亞爾背面】
◎伊斯蘭世界第三大聖寺──耶路撒冷的金頂清真寺其名為薩赫萊清真寺（AI Sakhra Dome Mosque），相傳穆罕默德在此騎天馬夜行登霄。

【100里亞爾正面】
◎薩勒曼國王 (Salman 1935-)
背景是麥地那的清真寺。

【100里亞爾背面】
◎伊斯蘭世界的第二大聖寺——麥地那先知寺 (Prophert's Mosque) 的俯瞰圖，寺內有穆罕默德的陵寢。

【500里亞爾正面】

◎第一任阿齊茲國王（Abdulaziz, 1876-1953）。當年沙烏地阿拉伯是崩離狀況，阿齊茲（Aziz）於1902年舉兵征戰，經31年才建立王國，成開國之君。背景為麥加大清真寺（Holy Mosque）。

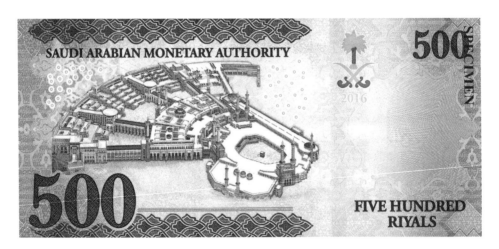

【500里亞爾背面】

◎麥加大清真寺俯視圖

它是伊斯蘭第一聖寺，是信徒一輩子至少要去朝聖一次之地。其規模宏偉，占地18萬平方公尺，可容納50萬人禮拜。

信徒繞黑石聖堂（天房Holy Kaaba）七圈，才算完成朝聖儀式，是畢生最榮耀之事。

順序	國王簡稱	生卒年	在位時間	備註
1	阿齊茲國王 Abdulaziz	1876-1953	1932-1953	沙烏地王朝創立者
2	紹德國王 Saud	1902-1969	1953-1964	阿齊茲長子
3	費薩爾國王 Faisal	1906-1975	1964-1975	阿齊茲第4子
4	哈立德國王 Khalid	1913-1982	1975-1982	阿齊茲第5子
5	法赫德國王 Fahd	1923-2005	1982-2005	阿齊茲第6子
6	阿布杜拉國王 Abdullah	1924-2015	2005-2015	阿齊茲第7子
7	薩勒曼國王 Salman	1935-	2015-	阿齊茲第25子

第二任紹德國王

第五任法赫德國王

第六任阿布杜拉國王

一鈔一世界

沙國石油儲量及產量均世界第一，單一經濟結構及大量朝聖者消費所得，使人民享有很高福利，也引進甚多移工，做基礎工作。該國很嚴格遵守可蘭經教規。在沙國不宜談論宗教及批評王室。

沙國的鈔票正面左側圖樣大多與鈔票背面息息相關，不但可以從中得知他們是伊斯蘭教中心，還是全球石油主要的供應地，歷史悠久、宗教力量強大，其中最著名，也是最重要的聖地，就是眾所皆知的麥加天房。鈔票正面多為第七任國王，500元則為第一任國王。

沙烏地阿拉伯王位繼承，因第三代權位相爭嚴重，王室紛爭問題未能解決，採行兄終弟及（見前頁的附表及第二、五、六任國王）。

第六任國王就任已逾八十高齡，於2015年過世，由25弟薩勒曼國王接任（Salman 1935年出生，就任也80歲了）。他曾擔任利雅得省長一職，任期48年，政通人和，2011年受任命為國防大臣，2012年為王儲。薩勒曼新王打破父規，決定不傳位兄弟，而改第三代繼承。新王登基會發行新鈔，歷經一年多的籌備，2017年初陸續推出印有第七任新王肖像的鈔票。變的是國王的面孔，不變的是濃厚的宗教氣息。

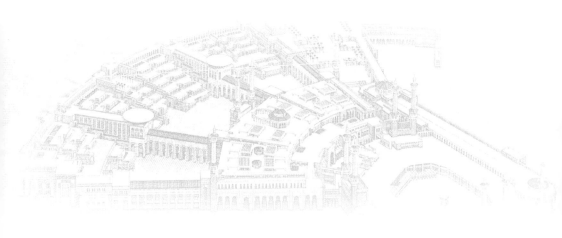

敘利亞 大地樂園
Syria

面積：18.5萬平方公里

人口：約1,795萬人（世界第56）

首都：大馬士革(Damascus)

幣值：敘利亞鎊(Pound SYP)
　　　　1美元≒515SYP

紅色象徵熱血，白色象徵純潔，黑色象徵勝利，綠色是穆罕默德的子孫所喜愛的顏色，黑、白、紅、綠就是阿拉伯代表色。兩顆星代表敘利亞與埃及，象徵阿拉伯的聯合。

敘利亞長期由強人阿薩德總統執政（1971-2000），於任內過世，由其子繼任。敘國農業以麥、棉花為主，工業延伸至棉紡業，礦業為磷酸鹽，有大批人民赴附近國家工作，是重要外匯來源。

源自「阿拉伯之春」（中東及北非的民主運動），2011年至今敘利亞發生內戰，遜尼派的民眾反抗什葉派的阿薩德政府軍，加上ISIS入侵，無孔不入，敘利亞人民成為最慘烈的犧牲者，境外難民不計其數，這已成為國際社會嚴峻的考驗。

【50敘利亞鎊正面】

◎1970年代，在敘利亞的以巴拉（Ebla），發現一塊陶製石板，上刻著超過15,000個字，它距今已2,300年了。這塊石板的出土，有助於了解古代的歷史，是一項重大考古發現。

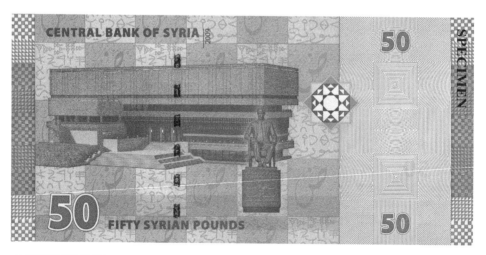

【50敘利亞鎊背面】

◎首都大馬士革的哈菲茲‧阿薩德圖書館（Library of Hafez Al Assad），係用前總統(1930-2000)名字——阿薩德命名，館前有其雕像。

【100敘利亞鎊正面】
◎世界文化遺產布基拉古城
（Ancient City of Bosra）外的拱門
和古羅馬劇場，頗有古羅馬時代之
遺風。

【100敘利亞鎊背面】
◎中間之建築為中央銀行
左側是建於西元705年的倭馬亞清
真寺（Umayyad Mosque）內之藏
寶樓（Qubat al-Khazna）。
右下側為一枚古代硬幣。

【200敘利亞鎊正面】
◎位於西部城市哈馬（Hama）奧倫提斯河（Orontes River）上的水車及引水渠，可見當年之水利
工程。

【200敘利亞鎊背面】
◎位於巴爾米拉（Palmyra）的古
羅馬遺跡——貝爾神廟（Temple
of Bel，約建公元32年）的天花
板圖案。在2015年8月毀於伊斯
蘭國ISIS之戰火中。

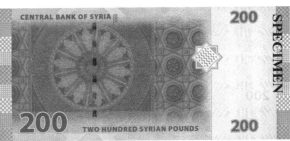

【500敘利亞鎊正面】
◎巴爾米拉（Palmyra）
2004年5月啟用的大馬士革歌劇院（Damascus Opera House）

【500敘利亞鎊背面】
◎出土的古羅馬拜占庭時代馬賽克嵌畫──「女子六樂坊」（Female Musician），現珍藏於敘利亞哈馬（Hama）博物館。右下有一石板之楔形文字，刻劃世界上最早的音符及詩詞。
馬賽克作品可長時間保存，適合作為壁畫裝飾。〈女子六樂坊〉作品人物五官、衣服紋飾、樂器裝飾，姿態呼應、端莊典雅，看出製作的細膩用心。

【1,000敘利亞鎊正面】
◎敘利亞南部德拉省的古羅馬劇場

【1,000敘利亞鎊背面】
◎敘利亞古代農業

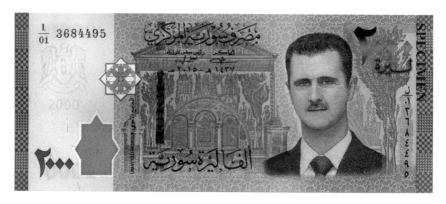

【2,000敘利亞鎊正面】
◎現任總統巴沙爾‧阿薩德（Bashar al-Assad, 1965- ）
2000年7月就任，其父為上任總統哈菲茲‧阿薩德（Hafez al-Assad, 1930-2000），
2000年6月死於任上，執政近30年。

【2,000敘利亞鎊背面】
◎敘利亞大馬士革的渥太華國會大廈內的敘利亞人民委員會

一鈔
一世界

敘利亞將許多不同的產業放置在鈔票上，不但能讓人了解他們的經濟活動，還能進一步展示歷史文物，認識這個國家。此外，許多具有特色的建築物和古蹟，也是他們最想展現給世人的另一面，使他們既驕傲又自信。

敘利亞隨著2011年3月內戰爆發，敘利亞鎊嚴重貶值，內戰前，美元對敘利亞鎊匯率約為1：47，至2016年底約為1：515。

在2017年7月發行2000敘利亞鎊，取代原有1000鎊成為最大面額，推出大一倍面額鈔票措施，反映敘利亞經濟困境。

土耳其 文明搖籃
Turkey

⑤ ⑩ 50 100

面積：78.4萬平方公里（世界第36）
人口：約8,200萬人（世界第18）
首都：安卡拉(Ankara)
幣值：土耳其新里拉(Lira TRY)
　　　　1美元≒3.55TRY

相傳馬其頓王國趁夜黑風高的晚上攻打土耳其，而駐守軍隊藉著新月和星星光芒發現敵人來犯，因此將敵人擊退，之後新月就成為土耳其的象徵。隨著鄂圖曼帝國的強大，很多伊斯蘭教國家都將新月放入國旗中。另外，穆罕默德在某一上弦月的夜晚受到天啟，所以新月也是伊斯蘭教的特徵。

　　土耳其的土地有3％在歐洲，97％在亞洲，有博斯普魯斯及達達尼亞海峽橫跨歐亞之間，地位很重要。有數百萬土耳其人在歐洲工作。

【5土耳其里拉正面】

◎土耳其國父穆斯塔法‧凱末爾‧阿塔土克（Mustafa Kemal Atatürk, 1881-1938）

5元，10元，20元，50元，100元，200元這6張正面相同，均是國父凱末爾。

1934年11月24日土耳其國會賜予凱末爾Atatürk一姓，而土耳其語Ata就是父親，Atatürk（阿塔土克）就是「土耳其人之父親」之意。中學時代，因數學成績優秀，獲得「凱末爾」之稱（阿拉伯語意為「完善的」）。從軍事學校畢業後，他在君士坦丁堡參謀本部任職，開始從事反封建鬥爭，凱末爾任「行動軍」參謀長，並於1911年參加土耳其的義大利戰爭。第一次世界大戰時任加列波利第十九師師長。1919年凱末爾創建共和人民黨，發動反帝反封建的資產階級革命，隔年在安卡拉成立國民議會，當選為主席兼國民軍總司令。隨著鄂圖曼帝國的崩潰，他打敗協約國帶領的軍隊，發揮軍事能力，成功建立獨立政府。

1923年10月29日成立土耳其共和國，他當選首任總統。凱末爾又推行一連串政治、經濟、宗教和文化之變革，啟蒙土耳其，成為現代化和世俗主義的國家。

【10土耳其里拉正面】

【20土耳其里拉正面】

【50土耳其里拉正面】

【100土耳其里拉正面】

【200土耳其里拉正面】

【5土耳其里拉背面】
◎土耳其科學家艾登‧薩伊利（Aydin Sayili, 1913-1993）。背景是太陽系、原子核、DNA等。

【10土耳其里拉背面】
◎土耳其數學家阿福（Cahit Arf, 1910-1997）
背景是阿福算式（Arf Invariant）及二進制

【20土耳其里拉背面】
◎土耳其建築師（Mimar
Kemaleddin, 1870-1927）
背景是Gazi大學及大學線描圖

【50土耳其里拉背面】
◎土耳其女小說家艾利耶
（Fatma Aliye, 1862-1939）
背景是她的手稿及著作

【100土耳其里拉背面】
◎土耳其作曲家（Itri, 1640-1712）
背景是他使用的管樂器、弦樂器及打擊樂器。

【200土耳其里拉背面】
◎土耳其詩人尤努斯·埃姆萊
（Yunus Emre, 1238-1320）。
背景是他的陵墓、玫瑰和鴿。

一鈔一世界

土耳其一系列的鈔票正面都是他們的國父凱末爾，而在反面的部分則為該國的古今名人，傑出成就，悠久的歷史，記載著曾經強盛的帝國故事，讓人不禁想一探究竟。

土耳其長期受通貨膨脹之苦，在2005年前，即使凡夫俗子，街頭小販，都是千萬富翁，上一次公廁就要十萬里拉。2001年11月發行了面額2,000萬里拉鈔票，在當年是全球面額最大的紙鈔，一美元可兌換165萬里拉。經過2002年到2004年的生聚教訓，土耳其經濟逐漸好轉，自2005年1月1日起，發行新里拉，大刀一砍，去掉六個零（見附圖舊鈔），讓一百萬舊里拉轉變為一元新里拉（臺灣在1949年4萬舊臺幣換1元新臺幣），告別惡夢歲月。特附2005年前後之鈔票，供比對參考。幣值穩定後到2010年土耳其又換了一系列鈔票，即本書所介紹的新鈔。

↓↓

↓↓

歷史上前十大面額鈔票

1	1946年	匈牙利	1垓(10的21次方)	PENGO
2	1923年	德國	100兆	MARK
3	2009年	辛巴威	100兆(見附圖1)	ZWD
4	1993年	南斯拉夫	5,000億(見附圖2)	DINARA
5	1944年	希臘	1000億	PRACHMAI
6	1993年	克羅埃西亞	500億	DINARA
7	1993年	波士尼亞	100億	DINARA
8	1949年	中國	60億	元
9	1923年	波蘭	1億	MAREK
10	2001年	土耳其	2,000萬(見前頁)	LIRA

【100兆辛巴威幣】

【5,000億南斯拉夫幣】

阿拉伯聯合大公國
United Arab Emirates

新月沙漠

⑤ ⑩ 50 100

中國譯名：阿聯酋
面積：8.4萬平方公里
人口：約560萬人
首都：阿布達比(Abu Dhabi)
幣值：大公國迪拉姆(Dirham AED)
　　　　1美元≒3.7AED

紅色象徵熱情及奮鬥，綠色代表富裕的國土，白色表示純潔與純真，黑色是蘊藏豐厚的石油。紅與綠加上白與黑就成了阿拉伯色彩。

　　阿拉伯聯合大公國有豐富的石油，有了石油的收入，大做公共建設，加上伊斯蘭教婦女很少外出工作，致人力不足，故自埃及、印度、菲律賓、巴基斯坦引進大批移工。現在該國進行工業化，如石化業、煉鋁業及裝配加工業。除此之外，旅遊業也是重要收入，它擁有世界第一的七星級飯店。

　　阿拉伯聯合大公國（UAE）由七個酋長國組成，酋長是世襲制，但推最大的阿布達比酋長為總統，第二大的杜拜酋長為副總統，聯合大公國只負責國防與外交，其餘各酋長自理之。

【5大公國迪拉姆正面】
◎夏爾迦（Sharjah）
夏爾迦是阿聯第三大酋長國（阿聯由七個大公國組成），是唯一臨波斯灣和阿曼灣的酋長國，阿布達有該國最大的黃金市場Sharjah Gold Souk。

【5大公國迪拉姆背面】
◎圖中為阿聯北方的景色，有Al Jahili城堡、公園、大博物館；左側是沙漠獵鷹（每張鈔票均有之），能協助飼主捕獲獵物，是游牧民族狩獵的夥伴，也是富豪人家之玩物。

【10大公國迪拉姆正面】
◎阿拉伯匕首，阿拉伯語Jambiya，從前是打仗的武器，今已成為成年人身分象徵的配件，佩戴於腰間。

【10大公國迪拉姆背面】
◎完善的農場景象——由沙漠開發成農園。左側是沙漠獵鷹。

【20大公國迪拉姆正面】
◎杜拜高爾夫球及遊艇俱樂部大廈(Dubai Creek Golf & Yacht Club)
是世界富豪集運動與渡假為一體的最佳場所

【20大公國迪拉姆背面】
◎這是當地的單桅三角帆船，最早用於捕撈珍珠。單桅三角帆船為阿拉伯人在沿海航行時使用，
帆用羊皮或棉布製成，單桅用椰樹幹。順風行駛，十分省力。

【50大公國迪拉姆正面】
◎阿拉伯羚（Eland），列為國寶級動物。

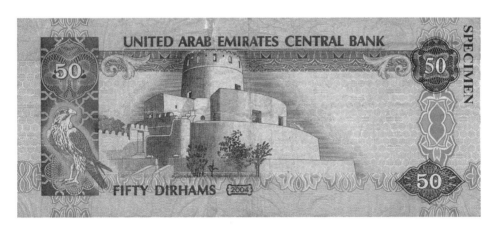

【50大公國迪拉姆背面】
◎Al Jahili堡壘
賈希里（Al Jahli）城堡於1898年在Al Ain城中發現，是阿拉伯聯合大公國的一個老地標。現納入國家文化遺產。

【100大公國迪拉姆正面】
◎艾弗迪堡(Al-Fahidi Fort)
杜拜博物館位於艾弗迪堡內,建於西元1787年,是杜拜現存最古老的建築物,曾用來抵禦沙漠村莊的外來敵人。現展示杜拜歷史沿革及風俗民情,成為杜拜博物館所在地。

【100大公國迪拉姆背面】
◎杜拜(第二大酋長國)世貿中心(Dubai World Trade Center),在此商展常有歐亞非之買主來此參加,當年(1979)39層高樓是中東地區最高樓層。

【200大公國迪拉姆正面】
◎前景是夏爾迦（Sharjah，第三大酋長國）的宗教法院(Court Department)，該國政教合一，犯罪及結婚都要上宗教法院。
背景是札耶德體育館（Zayed Sport City），是以國王名字命名，可容納6萬人。

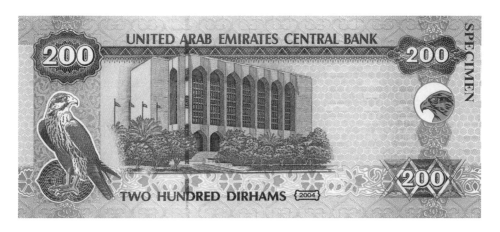

【200大公國迪拉姆背面】
◎位於第一大酋長國阿布達比（Abu Dhabi）的阿拉伯中央銀行，最重要角色是監管銀行貨幣及信貸政策，在杜拜金融危機時，曾適時援助。

【500大公國迪拉姆正面】
◎獵鷹，體形修長，雌鷹比雄鷹還碩大。

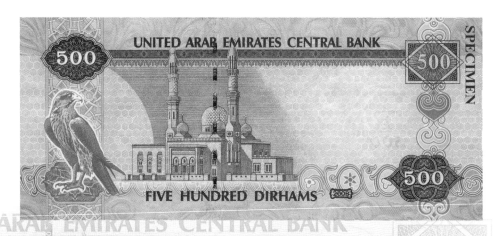

【500大公國迪拉姆背面】
◎位於杜拜之朱美拉清真寺（Jumeirah Mosque）
圓頂上的鳳梨紋及高高尖塔，一片莊嚴，宣稱是最美麗的清真寺，是杜拜最顯眼之地標，係依照中世紀法蒂瑪蒂王朝的建築傳統而興建。

【1,000大公國迪拉姆正面】
◎位於阿布達比（Abu Dhabi）的豪森宮（Quar Al Hosn）
Al Hosn宮殿是以老堡壘和白色堡壘而著名，外表鑲嵌磁磚，內部為阿拉伯風格裝飾，它修建於19世紀晚期，是當地現存最古老的建築物，曾為阿布達比酋長之住所，在阿布達比是少數超過30歲的建築物，現在則被作為一個具有文化基礎的研究中心。

【1,000大公國迪拉姆背面】
◎首都──阿布達比
阿布達比位於阿拉伯聯合大公國的中西邊海岸，位於波斯灣的一個T字形島嶼上，是境內最大酋長國，也是阿拉伯聯合大公國的首都。鈔票上是濱海景觀，高樓林立，雄偉壯觀。

一鈔
一世界

阿拉伯聯合大公國（簡稱阿聯）由七個酋長國組成得名，盛產石油，又名油海七珍（石油蘊藏世界第三），境內都是沙漠，先前都是游牧民族。這裡特產就是羊（50元正面），當地人也喜好賽鷹（500元正面）、賽馬、賽駱駝等賽事。阿聯也是波斯灣進入印度洋之要道，早期航海都用三角帆船（20元背面），它成為聞名於世的七星級飯店——帆船飯店之靈感。

阿聯很重視城市綠化，以改變惡劣自然環境，利用淡化的海水灌溉，幾乎阿聯的街道都是綠意盎然，鬱鬱蔥蔥，烘托出幽雅氣氛（10元背面）。

首都阿布達比，中央銀行設於此（200元背面），總統府亦在此，市內工業、商業、旅遊業旺盛，大廈林立，是極現代化的都市（1,000元背面）。

夢想之都杜拜，當地的艾弗迪堡原是座古城，現已改為博物館（100元正面）。杜拜有美輪美奐之清真寺（500元背面），是金融中心及商業中心，也是貿易轉口中心（100元背面）。

第三大酋長國是夏爾迦，也是一座現代化都市，景色宜人，此處有宗教法庭（200元正面）。

阿聯的沙漠奇蹟，完成不可能的任務，舉世震撼，從鈔票上可體會一二。

葉門 摩卡飄香
Yemen

(5) (10) 50 100

中國譯名：也門阿拉伯
面積：52.8萬平方公里（世界第49）
人口：約2,500萬人（世界第49）
首都：沙那(Sanaa)
幣值：葉門里亞爾(Rial YER)
　　　1美元≒250YER

紅色代表革命的精神，白色象徵純潔與和平，黑色表示要對抗外來的侵略。葉門本來有南北葉門，俟1990年才統一。大部分的人民都依賴農業為生，常聽說的「摩卡」咖啡就在此生產。葉門已有三千年歷史，是古文明之一，也吸引無數觀光客前來探索遺產。葉門也是中東貧窮的國家，所以相當多的人口赴外國工作。因扼紅海出印度洋通道，具戰略地位。在亞洲僅有葉門、亞美尼亞是「三色旗」，而三色旗在「歐、非」十分普遍。

【20葉門里亞爾正面】
◎出土的古代手執葡萄的大理石坐像

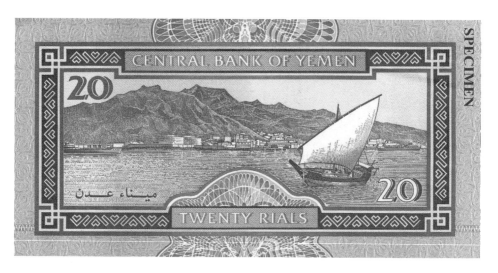

【20葉門里亞爾背面】
◎葉門的Moklh港，是咖啡集散地（接近亞丁），也是傳統漁港。此處販售的咖啡，人稱摩卡咖啡（圖中右方的船即一般單桅三角帆船）。

【50葉門里亞爾正面】
◎在Ma'adkarib出土的古代青銅立像

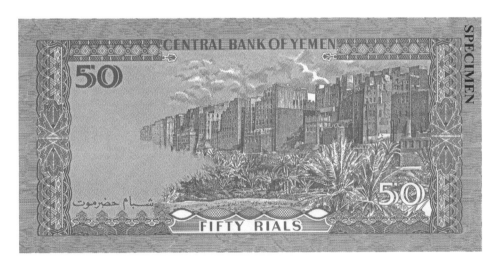

【50葉門里亞爾背面】
◎16世紀起西巴姆古城（City of Shibam）往上加蓋的垂直建築（代代增建）有「沙漠曼哈頓」封號，蔚為壯觀，已被列入世界文化遺產。

【100葉門里亞爾正面】

◎馬利坡大水庫

馬利坡大水壩建於西元前八世紀希巴王朝，占地甚廣，是沙漠中難得一見的大水庫。1986年在阿拉伯聯合大公國的資助下，新建一座水壩，讓馬利坡地區又恢復往日的生機。一個水壩能夠使用二千多年是相當罕見的事，因此葉門人引以為傲的稱它為「最偉大的水壩」，並將它刻在國徽上。

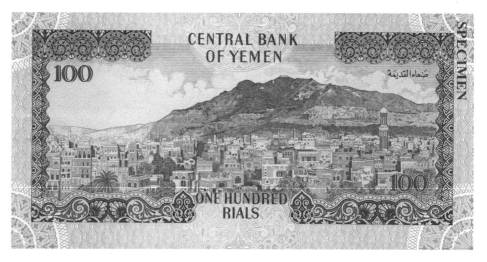

【100葉門里亞爾背面】

◎葉門首都　沙那（Sana'a）

沙那分為新舊兩個城區，新城區以塔巴利爾廣場為中心向外擴散，街道整齊，房屋錯落有致。舊城區有「世界最古老的摩天都市」美譽，於1988年被登錄為世界文化遺產，仍然保有數百年前的街貌。

【200葉門里亞爾正面】
◎出土的古代男子雪花石膏雕像

【200葉門里亞爾背面】
◎古城──亞丁（Aden）
葉門古城亞丁位於阿拉伯半島的西南端，為紅海通往印度洋的門戶，素有歐、亞、非三洲海上交通要衝之稱，是世界著名的港口。由於處在火山口附近，因而這座城市又被稱為「火山口上的城市」。

【250葉門里亞爾正面】
◎薩利赫清真寺（Al-Saleh Mosque）
它是用總統名字來命名，又稱「總統清真寺」。每根尖塔高100公尺，占地8萬平方公尺，規模在阿拉伯世界名列前茅。

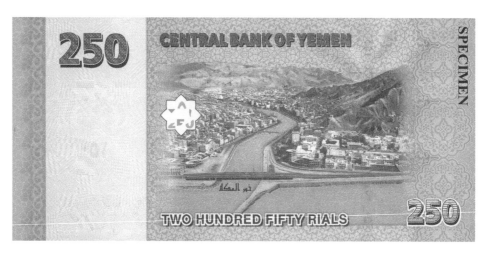

【250葉門里亞爾背面】
◎葉門港口都市穆卡拉（Mukalla Khor）俯瞰

【500葉門里亞爾正面】
◎石頭宮（Rock Palace）是國王的夏宮，建於1786年，1930年再擴建。
沙那北郊瓦迪達哈（Wadi Dhahr）上，立著一座高20公尺的巨大岩石，上面建有裝飾華麗的四、五層樓高的建築，這就是老教長時代的王宮卡索爾‧哈克爾宮，又稱「石頭宮」。整座宮殿高高聳立，巨大的岩石猶如堅固的臺基。

【500葉門里亞爾背面】
◎葉門塔里木（Tarim）的Al Muhdhar Mosque清真寺

【1,000葉門里亞爾正面】
◎建於1920年的卡蘇里蘇丹王宮（Sultan Al Kathvi Palace）

【1,000葉門里亞爾背面】
◎沙那老城——葉門之門（Bab Al-Yemen）
20世紀中葉，葉門首都沙那（Sana）城擴建時，老城大部分被拆除，七座城門僅保留了一座「葉門之門」作為歷史的見證。

一鈔一世界

葉門有3,000多年的歷史，是一悠久的文明古國，從出土之古物（20元、50元、200元正面），可知是阿拉伯世界古文明搖籃之一。

葉門是炎熱乾燥的沙漠半島上，降雨量最多，水源最充足的國家，所以很早就建有難得一見的水庫（100元正面）。

葉門老城的建築多用石塊堆砌而成，堅固厚重（50元背面）；在首都沙那，原有高大城牆，極為壯觀（100元背面），現僅留下一座城門（1,000元背面）；在沙那北郊有一「石頭宮」，建在一整塊石崖上（500元正面），均列世界文化遺產。還有第二都市──亞丁（200元背面）及穆卡拉港，都是葉門主要港口，我們常聽到的「摩卡」咖啡，就因從穆卡拉港出口得名（20元背面）。此外，葉門是伊斯蘭教國家，可見宏偉之清真寺（250元正面，500元背面）。

葉門這張250元（見附圖1）是目前流通鈔票唯二的「二百五」（另一張為伊拉克）。「二百五」是罵人的話，是「白癡」的意思，人們常把出盡洋相的人或學藝不精的半調子稱為「二百五」。古代一千錢為一吊，五百錢為「半吊子」，比它更差是「二百五」，稱「二個半吊子」。又過去銀子500兩為一封，250兩為「半封」，諧音「半瘋」。過去1919年的蘇聯，1930年的中國，1987年的黎巴嫩，1992年的亞塞拜然，1993年的喬治亞，1995的伊拉克（見附圖2）都曾出過「二百五」，在紙鈔印行上屈指可數。

【附圖1】

【附圖2】

第五篇

中亞
Central Asia

- 依地理上習慣，中亞有以下幾個國家（依照英文字母排序）：亞美尼亞、亞塞拜然、喬治亞、哈薩克、吉爾吉斯、塔吉克、土庫曼及烏茲別克。

- 中亞是古代突厥民族之後代居住地，在17世紀初成了俄羅斯帝國的一部分；隨後成為「蘇聯」的領土；到了20世紀末蘇聯解體，紛紛獨立。中亞地區非常乾燥，形成很多沙漠或草原，難以種植作物，居民以放牧為生。

- 在中亞鈔票中，亞美尼亞及亞塞拜然很有「歐風」。哈薩克鈔票在2012-2014年曾榮獲國際年度最佳鈔票，不僅三連莊，在亞洲諸鈔票也是第一遭。此外，中亞若干國家之高額鈔票比100美元大許多，而中亞經濟不是很活絡，此為不可思議之處。

亞美尼亞 諾亞方舟
Armenia

(5) (10) 50 100

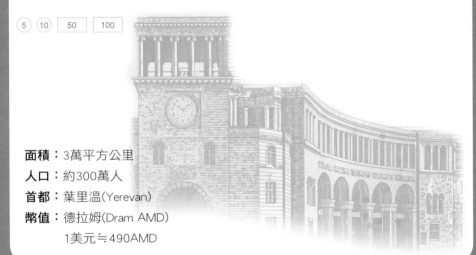

面積：3萬平方公里
人口：約300萬人
首都：葉里溫(Yerevan)
幣值：德拉姆(Dram AMD)
　　　　1美元≒490AMD

紅色象徵烈士的鮮血，藍色代表國家豐富的資源和蔚藍的天空，橘色表示全民團結及大地的富饒。亞美尼亞原為蘇聯一員，在蘇聯軍事工業體系中占重要地位，因1991年蘇聯解體而獨立，目前經濟相當萎縮，信奉東方正教。在首都葉里溫南邊有座Echmiadzin大教堂，創立於西元301年，號稱世界現存最早的教堂。

【50德拉姆正面】
◎亞美尼亞作曲家　阿拉姆·哈恰圖良(Aram Khachaturian, 1903-1978)

生平創作以亞美尼亞民俗音樂為主軸，創作甚多，皆為富生命力的作品。

背景是亞美尼亞歌劇院。

【50德拉姆背面】
◎由哈恰圖良所創作之「馬刀舞曲」。背景是聖山亞拉臘山(Mt. Ararat)，由於聖山為土耳其所奪，所以「馬刀舞曲」十分悲壯，似岳飛的「滿江紅」。

【100德拉姆正面】
◎亞美尼亞天文學家　阿姆巴楚米揚(Victor Amazaspovich Ambartsumian, 1908-1996)，他以觀察和實驗來解決恆星和星系的來源和演化問題，在數學及物理上有極大貢獻。

【100德拉姆背面】
◎布拉堪天文臺(Byurakan Observatory)
由阿姆巴楚米揚所建立，特別研究天文學中的「反演問題」(inverse problems)、恆星的動態與靜態力學。

【500德拉姆正面】
◎建築師　亞歷山大‧塔曼年 (Alexander Tamanian, 1878-1936)
是一位蘇聯時期的建築師。鈔票背景是他所設計的葉里溫城市規劃圖。他計劃採用蘑菇狀的大都會來供二、三十萬名居民使用，由中心擴散出去，包括寬廣的大道、環行街道和許多公園，其中包含所設計的Yerevan歌劇院，曾獲得獎賞。

【500德拉姆背面】
◎由塔曼年設計的亞美尼亞國會議院，是一粉紅色建築，美輪美奐。

【1,000德拉姆正面】
◎亞美尼亞詩人葉格依舍・恰連茨 (Eghishe Charents, 1897-1937)，背景為亞拉臘山
Eghishe Charents利用歷史和20世紀前半期的亞美尼亞悲劇作為借鏡來創作：從Sultan Abdul Hamid II 時代到1915年Bolshevism和Stalinism。他的生活總是多采多姿且相當戲劇性，代表作〈亞美尼亞〉代表著亞美尼亞。

【1,000德拉姆背面】
◎左側是兩棟大廈，右側是一個人駕馭著兩匹馬，是首都葉里溫(Yerevan)老城區一景之畫作。

【5,000德拉姆正面】

◎亞美尼亞詩人、小說家、政論家　圖曼尼揚（Hovhannes Tumanyan, 1869-1923）

H. Tumanyan生於神職家庭，一生專門從事文學創作，堅持現實主義的文學觀點，認為只有反映「民族精神、痛苦、歡樂、習俗」的文學，才是真正屬於人民的文學。重要作品有長詩〈洛列齊・薩科〉（1890）、〈馬羅〉（1892），以及短篇小說、寓言、故事等。1902年還重新改寫了亞美尼亞的古代史詩〈薩遜的大衛〉，在藝術上獲得很大的成就。他一生在創作中反對封建制度和資本主義制度，熱情反映勞動農民的生活，譴責貪婪的富人和放高利貸者。

【5,000德拉姆背面】

◎薩里揚（M. Saryan）見20,000正面人物的畫作──〈山村〉，描述Lory的天然景緻，用粗獷筆觸描繪連綿壯闊的山野風光。現典藏於亞美尼亞國家美術館。

【10,000德拉姆正面】

◎亞美尼亞詩人　阿威梯克‧伊薩克揚（Avetik Isahakyan, 1875-1957）

Avetik Isahakyan曾在教會學校學習，1892年開始發表作品。1896年因在亞美尼亞參加反對沙皇專制運動被捕，出獄後刊行的第一部詩集《歌與創傷》（1897），文字樸實，感情豐富，流露出對異族壓迫的憎恨。1905年俄國革命前夕，他做詩號召人民起來鬥爭。1911年開始流亡國外。在國外寫有抒情詩和散文敘事詩，表達對祖國的懷念。1936年回國，除寫作之外，並積極從事文化和社會工作。

【10,000德拉姆背面】

◎久姆里市(Gyumri)，它是伊薩克揚(Isahakyan)的出生地。

20世紀初的Gyumri是亞美尼亞第二大城，於1988年因七級大地震而80%房屋倒塌，死傷過半，儘管再努力，城市的經濟在地震發生後近三十年，依然搖晃不定，目前仍有國際團體從事相關協助。鈔票上Gyumri的建築多已毀於地震，不復存在矣！

【20,000德拉姆正面】
◎亞美尼亞畫家　馬里洛斯‧薩里揚 (Martiros Sarian, 1880-1972)

Martiros Sarian曾在莫斯科學校學習繪畫、雕塑和建築學，因此他深受俄羅斯藝術的影響，特別是畫家Valentin Serov和Konstantin Korovin。Sarian愛好明亮的顏色，於是他開始在周圍尋找靈感，以充分的表現力創作出特別的構圖。此外，他還特別喜愛風景畫，其中包括令人驚奇的〈亞美尼亞〉。背景圖案的「花」是其作品。

【20,000德拉姆背面】
◎Sarian風景畫中的一部分，創作於1923年，畫作名稱就叫〈亞美尼亞〉，用鮮明簡潔的色塊讓風景油畫具有抽象美感。現典藏於亞美尼亞國家美術館。

【50,000德拉姆正面】
◎Etchmiadzin大教堂是世界上現存最古老的
教堂，已有1700年歷史，它於西元301-303
年由Saint Gregory 修建而成，而當時的亞美
尼亞是一個世界公認最早的基督教國家。
2000年列入世界文化遺產。

【50,000德拉姆背面】
◎大主教聖格列高利(Saint Gregory)和國王提
瑞達特(Tiridat)同舉教堂的模樣。背景為傳聞
「諾亞方舟」最終停泊的聖山亞拉臘山(Mt.
Ararat)。

【100,000德拉姆正面】
古代（西元50年左右）的伊得撒國王亞布加
爾五世(Abgar V of Edessa)的人像，其前有代
表耶穌基督的旗幟，其後有其統治期間的版
圖（即今日高加索全部地區及土耳其東部，
是中亞最強大國家之一）。右下是當時發行
的金幣。

【100,000德拉姆背面】
這是一幅壁畫，在畫中表示耶穌門徒聖猶大
(Saint Jude)，將代表耶穌復活的布畫交予亞
布加爾五世。

一鈔一世界

亞美尼亞是中亞的內陸山國，先前是蘇聯的加盟國，1991年9月23日宣布
獨立，獨立之後，人民生活每況愈下，但人窮志不窮，非物質上表現可圈
可點。

亞美尼亞是個相當富有藝術氣息的國家，這套鈔票十分高雅出色，在鈔票
的正面可以看到許多建築師、畫家和詩人及他們的作品，且境內的古老建
築物擁有悠久的歷史，使整個國家染上一層濃濃的優雅氣氛，頗有「歐
風」之感，令人愛不釋手。

鈔票50元背面的馬刀舞曲，在表達對土耳其大肆屠殺亞美尼亞人，強占亞
拉臘聖山的悲憤，本鈔票充滿國仇家恨。

而亞美尼亞人的房子採用粉紅玄武岩建造，造型宏偉，頗為壯觀（在500
元、1,000元背面可見），為首都及城市增添了地方色彩。

亞美尼亞是第一個把基督教定為國教的國家，在50,000元及100,000元鈔
票中可了解之。

亞塞拜然 火之國度
Azerbaijan

(5) (10) [50] [100]

中國譯名：阿塞拜疆
面積：8.7萬平方公里
人口：約970萬人
首都：巴庫(Baku)
幣值：馬納特(Manat AZN)
　　　　1美元≒5AZN

藍色代表「裡海」，風光明媚，並盛產石油，紅色象徵光明與進步，綠色表示信仰伊斯蘭教及歐亞界山高加索山，弦月與星星（唯一的八芒星）也是伊斯蘭教的象徵。亞賽拜然過去以重工業及石油工業為主，造成輕工業不振，蘇聯解體後，1991年宣布獨立，經濟改革相當遲緩。從綜合國力看，亞塞拜然在中亞僅次哈薩克居第二位。

亞塞拜然的阿拉伯語是「火之國度」，拜火教（Zoroastrianism）曾在此極盛一時。

【1馬納特正面】
◎主題—樂器
亞塞拜然的傳統民間樂器：塔爾琴(Tar)、卡曼恰琴(Kamancha)及鼓(Drum)。這三種樂器演奏時，音色飽滿不刺耳，是影響東西方極深的樂器。

【1馬納特背面】
◎國家地圖，含「飛地」（在他國境內，猶如阿拉斯加在美國本土之外）。背景是亞塞拜然古老教堂窗飾，這些窗飾象徵著亞塞拜然固有的傳統文化。

【5馬納特正面】
◎主題—文學
取材亞塞拜然首都之文學博物館前的古老作家、詩人的雕像和古代的書籍，象徵亞塞拜然對世界文學可貴的貢獻。右下方是亞塞拜然的國歌。

【5馬納特背面】
◎亞塞拜然地圖。背景是戈布斯坦(Gobustan)岩石圖畫，現已列入世界文化遺產，下方可以發現古代的亞塞拜然語字母（係古代突厥文）。

【10馬納特正面】
◎主題─歷史
老巴庫的老城區，內有希爾萬沙(Shirvanshahs)宮殿和處女塔(Maiden Tower)的圖像，已列為世界文化遺產。背景圖像則為Icheri Sheher牆壁。

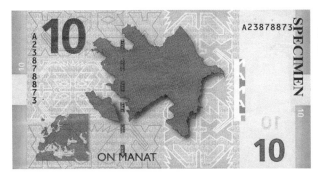

【10馬納特背面】
◎亞塞拜然地圖及古老的亞塞拜然地毯裝飾品。

【20馬納特正面】
◎主題─戰爭與和平
鈔票上有刀、盾和頭盔。

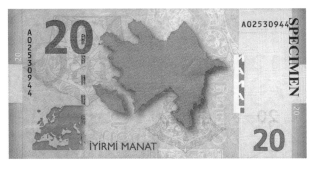

【20馬納特背面】
◎同10元背面說明。

【50馬納特正面】
◎主題—歷史與未來
青年人（象徵未來）、臺階(作為進展的標誌)、太陽(作為力量和光明的標誌)，還有化學和數學
(作為科學的標誌)。

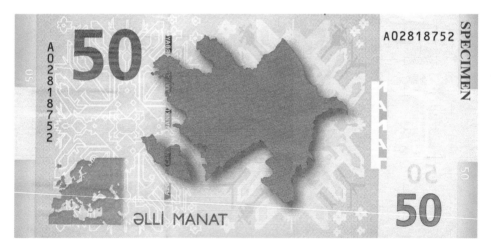

【50馬納特背面】
◎同10元背面說明。

【100馬納特正面】
◎主題─經濟與發展
從古代到現今的建築標誌，貨幣符號的形狀似M，代表Manat——亞塞拜然錢幣馬納特，這標誌著該國的經濟成長。

【100馬納特背面】
◎同10元背面說明。

一鈔
一世界

亞塞拜然的鈔票是由奧地利Robert Kalina設計的，顏色及層次十分分明，目前的歐元鈔票也是由他所設計，因此看起來和歐元有些相似。而從該國的鈔票可見，在大部分鈔票背面的背景是亞塞拜然的版圖及傳統地毯裝飾品，主要圖案則是亞塞拜然的國家輪廓。他們對於傳統文化的呵護，從鈔票上就能了解，小從生活用品，大至國家政策，無不象徵亞塞拜然的精神。

10元正面是首都巴庫，是著名的石油城，城牆圍繞著舊街市區，保留著伊斯蘭風格的清真寺及尖塔。城市圖的右下方是鼎鼎有名的處女塔，是12世紀所建王宮建築群的一部分，八層圓柱形，每層有防禦設施，可抵抗外敵進攻。據說，此塔保護無數處女，免遭外敵蹂躪，因而得名。在90年代的亞塞拜然，鈔票幾乎都有處女塔景象（見附圖），2000年列為世界遺產，成為著名的旅遊景點。

【附圖】

喬治亞 高山之國

Georgia

⑤ ⑩ 50 100

中國譯名：格魯吉爾

面積：7萬平方公里

人口：約435萬人

首都：第比利斯(Tbilisi)

幣值：拉里(Lari GEL)

　　　1美元≒2.4GEL

這面旗是東正教的旗幟（正十字），是十字軍東征英雄聖喬治之標誌，擁有悠久的歷史。2003年11月推翻了舊政權，改用此面旗幟。喬治亞與日本號稱世界二大長壽國家，因戰事及經濟危機，很多人生活在貧窮線以下。在以前蘇聯加盟時代，有工業基礎。前蘇聯獨裁者史達林（第二次世界大戰風雲人物）的故鄉，就在喬治亞的哥利（Gori）。

【5拉里正面】
◎第比利斯 (Tbilisi) 大學創建者　賈瓦基什維利 (Ivane Javakhishvili, 1876-1940)
Ivane Javakhishvili是一位史學家，鑽研喬治亞和高加索的歷史、高加索的民俗學、喬治亞人種研究及白種人語言研究等。

【5拉里背面】
◎第比利斯國立大學
在第比利斯大學(Tbilisi State University)建築物圖案的下方，有著一本書籍和植物裝飾，而左下角是一頭黃金獅子雕像，這座雕像可追溯至西元3世紀，在Alazani山谷發現，係世上之珍品。左上角則為喬治亞地圖。

【10拉里正面】

◎著名詩人　阿卡基・采列捷利 (Akaki Tsereteli, 1840-1915)

19世紀60年代，他與Chavchavdze抗議反對Tsarist政權，復興喬治亞文化，並決定競選。他的作品大多關於愛國情操、歷史、抒情和諷刺，還有自傳體小說。除此之外，Akaki Tsereteli活躍於教育界，更參與許多新聞報導和戲劇性活動。左側是蘋果花，係書之封面

【10拉里背面】

◎藝術家大衛・卡卡巴澤 (David Kakabadze) 1918年的繪畫〈Mother of Mine〉，他的作品是以母親畫像為特色。

【20拉里正面】
◎政治家、詩人　恰夫恰瓦澤 (Ilia Chavchavadze, 1837-1907)

1861年到1907年與Akaki Tsereteli和Niko Nikoladze一起參與全國解放運動，並作為現代喬治亞的創立人之一。Chavchavadze的政治思想體系包括民主和寬宏的民族主義，是社會上一位相當令人欽佩的英雄。左上背景是他開辦的出版社之建築，以及所出版的雜誌、報紙、書籍。

【20拉里背面】
◎喬治亞國王瓦赫坦格一世 (Vakhtang I Gorgasali, 440-502) 的騎馬塑像，他是喬治亞之創建者，此封建王朝存在於第4至6世紀。背景是宏偉的納利喀拉 (Narikala) 古堡。

【50拉里正面】

◎女王 (King Tamar, XII 1184-1213)

Tamar女王統治期間，被稱作是「黃金時代」。在穩定王國的內部事務以後，開始擴展領土，她還不斷維護國家的宗教和文化，興建東方正教教會。在Tamar女王死後，教會為了紀念她的功績，封她為聖人。

【50拉里背面】

◎人馬座

被發現的古物──12世紀手描本星象標誌，以擬人化方式表現黃道十二宮，顯示中世紀的天文觀，鈔票上以「射手座」為例──射手回頭拉滿弓，與捲曲的尾巴末端相互呼應，形成生動畫面。

中世紀的手抄本通常會用鵝毛筆畫在羊皮紙上，線條流暢。手抄本對後來印刷書籍的裝幀、字體設計影響很大。

【100拉里正面】
◎Shota Rustaveli XII Rustaveli是一名貴族和財務官,也是一位詩人。

【100拉里背面】
◎首都第比利斯歌劇院（Tbilisi Opera and Ballet Theatre）

【200拉里正面】
◎喬治亞民族英雄 (Kakutsa Cholokashvili, 1888-1930)
當時有德國、土耳其、英國軍隊先後入侵，Cholokashvili率眾抵抗。

【200拉里背面】
◎喬治亞索呼米(Sokhumi)城市景觀，該城是進入俄羅斯之重要邊界城鎮。

一鈔
一世界

喬治亞在1936年成為蘇聯加盟國，1991年宣布獨立，國土普遍海拔較高，是名副其實的高山國，人民平均壽命長，第比利斯是首都，該市西北方的哥利 (Gori) 市是前蘇聯領導人「史達林」的故鄉。

喬治亞的鈔票正面是該國的重要傳奇人物，由此顯示他們對國家深遠的貢獻，也藉此告訴世人他們的故事，以教育人民，國家的重要性。

5,10拉里尚未推出新版。

哈薩克 金帳汗國
Kazakhstan

(5) (10) 50 100

中國譯名：哈薩克斯坦
面積：272.5萬平方公里（世界第9）
人口：約1,700萬人（世界第64）
首都：阿斯塔納(Astana)
幣值：堅戈(Tenge KZT)
　　　　1美元≒312KZT

國旗的藍底為一望無際的晴空，象徵安寧與和平，金色太陽與飛翔天際的金鷹，表示著愛與自由。左側有民族服飾的圖案。本旗曾被選為最佳景緻旗。

　　13世紀，蒙古大帝國建立，成吉思汗將中亞地區賜給長子朮赤，建立「金帳汗國」，15世紀分裂，其中一部份成立哈薩克汗國。

　　哈薩克經濟在獨立國協中，僅次俄羅斯及烏克蘭，中亞綜合國力居主導地位，與土耳其一樣，有一小部分領土位於歐洲。有豐富的礦產，如鎢、鉻、磷、石油及天然氣。

【1,000堅戈正面】
◎位於首都的哈薩克民族紀念碑（Baiterek），下方有展翅高飛的和平鴿。
背景有Shabyt藝術宮及傳統紋飾，右上有國旗，左上有國徽。

【2,000堅戈正面】
◎位於首都的哈薩克民族紀念碑，下方有展翅高飛的和平鴿及賽加羚羊。
背景是新地標──可汗帳篷(Khan Shatyry)，由名建築大師諾曼・福斯特(Norman Foster)設計，為
全球最大型帳篷形建築物，2010年7月完工。

【5,000堅戈正面】
◎背景是首都三地標──總統府、和平金字塔和獨立宮。

【10,000堅戈正面】
◎背景是首都三地標──總統府、和平金字塔和獨立宮。

【1,000堅戈背面】
◎哈薩克烏斯秋爾特高原（Ustyurt Plateau）的遠景，左側有哈薩克的地圖輪廓。

【2,000堅戈背面】
◎哈薩克版圖框架內有中、俄、哈三國界河額爾濟斯（Irtysh）河的風光。

【5,000堅戈背面】

◎在哈薩克版圖框架中，前景有哈薩克大酒店（Kazakhstan Hotel）及獨立紀念碑頂部之雕塑，背景為阿拉套（Zailijsky Alatau）山的層層山峰。

（註：本鈔在2013年被國際紙鈔協會IBNS選為年度最佳鈔票）

【10,000堅戈背面】

◎總統府──奧爾達（Ak Orda）宮

When on earth旅遊網站在2015年選出全球最有特色的13座總統府，哈薩克總統府亦名列其上。

其特色就是藍、金蛋形屋頂，屋頂伸出一個尖塔，塔上發散32道光芒（如國旗所示）。

（註：本鈔在2012年被國際紙鈔協會IBNS選為年度最佳鈔票）

一鈔一世界

哈薩克鈔票內容相當繁瑣多樣，正面雷同，且呈現相當現代化的意境；背面以哈薩克地圖為輪廓，用不同的自然風景、裝飾品和建築物組合而成，顯示國家多元的一面。哈薩克是世界最大內陸國，多河流及雪山，潔白的雪山和湛藍的湖水，勾勒出美麗的自然風光，在鈔票背面均有呈現。哈薩克自19世紀為俄國統治，1991年12月獨立，很多政府建築在鈔票上出現。

哈薩克有1,000元、2,000元、5,000元及10,000元四種，其中10,000元鈔，在2012年被國際紙幣協會(IBNS)評定為最佳紙鈔（當時以獨立20週年紀念鈔當選，內容相同），這是亞洲國家第一次上榜，可喜可賀。5,000元新鈔在2013年又當選年度最佳紙鈔，不可思議。一張1,000元〈闕特勤〉紀念鈔又得2014年最佳紙鈔（屬紀念鈔非流通鈔，見附圖），真是連中三元啊！是空前，可能也是絕後。評選之要求是：1.藝術性；2.設計理念；3.防偽技術。

哈薩克鈔票上有鮮亮獨特的色彩，精美細緻的印刷，加上高超領先的防偽，故屢屢獲獎。

【2014年最佳鈔票正面】
右為哈薩克民族紀念碑及和平鴿，左為闕特勤大理石頭像。

【2014年最佳鈔票背面】
毗伽可汗王陵出土鎏金銀鹿，突厥騎兵的岩石雕刻；背景是〈闕特勤碑〉部分刻文。

2016年底，哈薩克再發行一張獨立25周年10,000堅戈紀念鈔，在氣勢上已不如以前，茲介紹如下：

【2016年10,000堅戈紀念鈔正面】
總統努爾蘇丹扎爾巴耶夫（Nursultan Nazarbayev），1991年獨立至今已五度連任。背景為阿斯塔納Baiterek紀念碑和林立的高樓大廈，左下為國旗。

【2016年10,000堅戈紀念鈔背面】
哈薩克民族紀念碑。背景為群山（哈薩克東部為山地，是帕米爾高原的延伸）

吉爾吉斯 綠色古都
Kyrgyzstan

⑤ ⑩ 50 100

中國譯名：吉爾吉斯斯坦
面積：19.9萬平方公里
人口：約570萬人
首都：比斯凱克(Bishkek)
幣值：索姆(Som KGS)
　　　　1美元≒48KGS

紅色象徵熱情與勇氣，太陽象徵光明與昌隆，太陽中的圓形圖案是帳篷的鳥瞰圖，代表游牧民族。太陽的四十道光芒代表有四十個部落。

　　中國史學家郭沫若考證，唐朝詩仙李白出生地就在吉爾吉斯，吉爾吉斯歷史很早，《史記》中也有紀錄。

　　吉爾吉斯人民大多以游牧為生，資源有銻、汞、水利。工業因缺乏資金、原料，市場因而不振，半數人民仍屬貧窮。

【20索姆正面】

◎傳奇英雄　通古路克‧默爾多（Togolok Moldo, 1860-1942）

Togolok Moldo是吉爾吉斯教育家、詩人，也是一位民歌作詞者，生於Naryn省的Ak-Talaa地區。

【20索姆背面】

◎塔拉谷

位於帕米爾高原上的古絲路驛站塔斯拉巴特(Tash-Rabat)。

【50索姆正面】

◎女政治家　庫爾曼江·達特卡 (Kurmanjan Datka, 1811-1907)

Kurmanjan Datka出生於阿來山(Mt. Alai)（天山延伸）Mongush族的一個游牧家庭。1876年，阿來地區被俄羅斯帝國併吞，Datka說服她的人民先接受俄國統治，不做無謂流血犧牲，先求民族的生存，隨後開始嘗試由當地人來擺脫俄國霸權。她曾被封為將軍，在伊斯蘭世界是少有的。晚年獨居在家，享壽96歲高齡。這張鈔票是亞洲較少見之女性鈔票。

【50索姆背面】

◎位於吉爾吉斯南部烏孜干(Uzgen)的黑汗墓(Karakhanid Mausoleum)，建於1186年，成為吉爾吉斯民族象徵。烏孜干塔(Uzgen Minaret) 位於黑汗墓旁，以耐火磚建造，亦是有名古蹟。

【100索姆正面】

◎天才詩人 托克托古爾‧薩特爾干諾夫 (Toktogul Satylganov, 1864-1933)

當Toktogul十三歲的時候，開始創作歌曲和戲劇，在他的第一首歌曲〈因為貧窮〉中，寫出年輕詩人唱著關於他淒慘的人生以及悲慘的命運。之後，他開始創作許多吉爾吉斯經典之作，包括抒情、諷刺和哲學方面的詩歌，寫實的描繪出當時的社會生活。他被國家視為人民音樂家，大力推廣其作品，紅遍吉爾吉斯。

【100索姆背面】

◎用其名命名的托克托古爾水電站 (Toktogul Hydropower Station)

【200索姆正面】

◎作家　阿雷庫爾‧奧斯莫諾夫 (Alykul Osmonov, 1915-1950)

Alykul Osmonov小時候是一個孤兒，1935年出版了第一首詩歌，於1950年死於肺炎，享年35歲。他的雕像被放置在全國圖書館和他出生所在地的博物館外。

【200索姆背面】

◎位於天山山麓的伊塞克湖(Issyk Kul Lake)大約有118條大小河流流入，雖然天山峰頂總是覆蓋著雪，但是它卻從未結冰，因此在吉爾吉斯語中，意指「溫暖的湖」。在蘇聯時期，這裡為一個渡假村，沿岸則有許多旅館及別墅，是個有濃厚歷史意味的觀光地區，又稱「吉爾吉斯之珠」。

【500索姆正面】
◎詩歌朗誦者、說書人　薩亞克巴伊‧卡拉拉耶夫 (Sayakbai Karalaev, 1894-1971)
他是英雄史詩〈瑪納斯〉(Manas) 之傳誦者，這部史詩家喻戶曉，老幼皆知（Manas史詩自古以
來都是口耳相傳，到17-18世紀才有人正式寫下來），有如中國說書人〈話說三國〉。

【500索姆背面】
◎瑪納斯(Manas)陵墓

【1,000索姆正面】
◎尤素甫‧巴拉薩裘尼 (Jusup Balasagyn)
11世紀時的詩人及思想家。Jusup Balasagyn在新疆Uyghur自治區裡的城市擔任抄寫員，他寫了許多關於他在當地工作所發生的事情，於50歲時完成《Kutadgu Bilig》這本書，也因此被封為大臣。

【1,000索姆背面】
◎吉爾吉斯古城奧什 (Osh) 的古代建築紀念碑，其後為蘇萊曼山 (Mt. Sulaiman)。

【5,000索姆正面】

◎蘇伊曼庫爾‧喬克莫洛夫 (Suimenkul Chokmorov, 1939-1992)，是吉爾吉斯著名的演員，他參演的電影作品主要有：

1968　卡拉什通道的射擊 (A Shooting at the Karash Pass)

1970　特派政要 (Extraordinary Commissar)

1972　第七顆子彈 (The Seventh Bullet)

1975　紅蘋果 (Red Apple)

1975　德蘇‧烏札拉 (Dersu Uzala)（本片由日本黑澤明導演，獲奧斯卡第48屆最佳外語片獎）

【5,000索姆背面】

◎首都比斯凱克(Bishkek)最老古的電影院──阿拉多(Ala-Too)電影院

一鈔
一世界

吉爾吉斯位於中亞東北部，境內處處可見山地牧場，素有「牧場之國」稱號，在13世紀為蒙古帝國征服，19世紀成為俄國之殖民地，1936年加盟蘇聯，1991年宣布獨立。

吉爾吉斯擁有許多傳奇人物（據說唐朝詩仙李白，也是來自吉爾吉斯），他們獨特的專業，在外國人眼中，也許很難理解，但卻獲得該國人民的尊重與喜愛，並在當地流傳已久。鈔票背面大多以古蹟為主，展示出吉爾吉斯的歷史。

在鈔票最高面額5,000元出現電影工作者，誠屬少見。在1993年曾發行以國鳥——鷹為主題的1元、10元、50元之鈔票，鈔票一般都是長方形，而此套鈔票接近正方形（見附圖）。

【附圖】

塔吉克 工藝精細
Tajikistan

(5) (10) 50 100

中國譯名：塔吉克斯坦
面積：14.3萬平方公里
人口：約800萬人
首都：杜尚貝(Dushanbe)
幣值：索莫尼(Somoni TJS)
　　　1美元≒5.9TJS

紅色象徵國家的勝利，綠色象徵伊斯蘭教和希望，也代表農業，白色是棉花的顏色，也是冰雪的顏色，王冠和五角星圖案則象徵國家的獨立和主權。中間白配黃相當不醒目，遠遠望去像匈牙利國旗。

　　塔吉克河流多，水力資源豐富，因此，也有規模大的煉鋁廠，物資都仰賴進口，算是貧窮的國家。

【1索莫尼正面】

◎詩人、政治家　米爾佐・圖爾松札德 (Mirzo Tursunzoda, 1911-1977)

Tursunzoda 蒐集許多塔吉克口頭文學，還寫了些關於社會的詩歌來改變塔吉克，並利用各種政治題材來創作作品。1960年，他的詩〈Sadoi Osiyo〉贏得了列寧(Lenin)獎，得到人民的敬愛。

【1索莫尼背面】

◎塔吉克國家銀行

【3索莫尼正面】

◎前塔吉克蘇維埃政府的締造者（Shirinsho Shotemur, 1899-1937），中間圓框有書及筆，象徵學習與進步。

【3索莫尼背面】

◎塔吉克國會

【5索莫尼正面】
◎詩人、現代文學奠基者　薩德理金‧艾尼 (Sadriddin Ayni, 1878-1954)

【5索莫尼背面】
◎首都杜尚貝（Dushanbe）東北角的詩人魯達基(Abuabdullo Rudaki)陵墓及紀念碑

【10索莫尼正面】
◎思想家和詩人　阿里‧哈馬多尼 (Mir Said Ali Hamadoni, 1314-1386)

【10索莫尼背面】
◎詩人哈馬多尼(Mir Said Ali Hamadoni)陵墓

【20索莫尼正面】
◎醫學家、科學家及哲學家　伊本‧西拿 (Abuali Ibn Sino, 980-1037)

歐洲人尊他為阿維森納(Avicenna)，年輕時曾任宮廷御醫；20歲時，因王朝滅亡而遷居花剌子
模；11年後，因政治原因逃至伊朗。他博學多才，有多方面的成就。在醫學方面，他豐富了內
科的知識，重視解剖，所著《醫典》是17世紀前歐亞大陸的主要醫學教科書和參考書。哲學方
面，他是亞里斯多德學派的主要代表之一，主張二元論，並創造自己的學說，肯定物質世界是永
恆、不可創造的，同時又承認真主是永恆的；主張靈魂不滅，也不輪迴，反對死者復活之說。主
要著作還有《治療論》、《知識論》等。

【20索莫尼背面】
◎吉薩爾(Hissar)城堡

【50索莫尼正面】
◎著名科學家、史學家及政治家　博波永‧加富羅夫(Bobojon Gafurov, 1908-1977)
1941年Bobojon Gafurov畢業於莫斯科科學院中的歷史學院，並於1944到1946年間擔任二等祕書，更於1946到1956年成為塔吉克共產黨中央委員會的一等祕書，後來則擔當科學院的主任。

【50索莫尼背面】
◎茶屋
有許多茶屋建於塔吉克的伊斯法拉(Isfara)，負有盛名，最大的茶館是Orien茶屋、Sino茶屋和Orom茶屋。鈔票上是Sino (西諾)茶屋。

【100索莫尼正面】
◎薩曼（Saman）王朝的創建者伊斯摩爾‧索莫尼（Ismoili Somoni, 849-907）
他在歷史上是一位相當重要的人物，首開先例創建朝代。他的名字「Somoni」索莫尼就是「貨幣單位」的名稱，可見塔吉克人對其相當尊敬。

【100索莫尼背面】
◎總統府

【200索莫尼正面】
◎民族英雄
（Nusratullo Makhsum,
1887-1937）
背景為前塔吉克蘇維
埃政府之大樓

【200索莫尼背面】
◎19世紀建造之國家
圖書館
右上有一座19世紀燭
台及羽筆，意味挑燈
夜讀，知識增進。

【500索莫尼正面】
◎塔吉克古典文學鼻祖　魯達基（Abu Abdullo Rudaki, 858-941）
背景是古代樂師彈奏豎琴，象徵潔淨，也象徵靈感之泉源。

【500索莫尼背面】
◎民族宮(Palace of Nation)，其廣場常用來迎接國賓。左上有和平鴿，見證著和平。

一鈔
一世界

塔吉克位於中亞帕米爾高原西部，是歐亞大陸中心，境內90%以上是山地，因此有高山之國稱號。塔吉克是一個古老民族，在9世紀，塔吉克建立歷史上第一個以布哈拉為首都，幅員遼闊且國力強大的薩曼王朝，塔吉克民族文化、風俗習慣在這段歷史形成（100元正面）。13世紀為蒙古帝國征服，16世紀建立布哈拉汗國，1929年加入蘇聯，1990年宣布獨立，爾後1992年爆發內戰，政權幾度更迭。2000年10月，塔吉克幣制改革，新鈔叫「索莫尼紙幣」，取代原本叫「盧布紙幣」的舊鈔，以1：1000兌換。新鈔名稱「索莫尼」Somoni，就是塔吉克民族之父，參考前文100索莫尼鈔票正面之說明。

塔國有許多偉人，在鈔票上可見現代與古代的傳奇人物，除此之外，在鈔票的背面還介紹了許多政治建築及部分的名人陵墓，這些不但成為當地人的故事，也成為著名的觀光景點。在國際禮儀中，進入聖賢偉人陵墓必須脫鞋。

塔吉克是前蘇聯加盟的15個國家中最貧窮的，卻發行500元高額鈔票，面值已快到100美元，讓人懷疑又小又弱的國家是否有此必要？

土庫曼 黑色沙漠
Turkmenistan

(5) (10) [50] [100]

中國譯名：土庫曼斯坦
面積：48.8萬平方公里（世界第53）
人口：約510萬人
首都：阿什哈巴德(Ashgabat)
幣值：馬納特(Manat TMM)
　　　　1美元 ≒ 3.5TMM

綠色及新月是伊斯蘭教的傳統，五顆星象徵五個部落，地毯圖案象徵土庫曼的傳統設計和宗教信仰。圖案構圖複雜，被稱為世界最難畫的國旗。

土庫曼在1991年蘇聯解體後，宣布獨立。石油及天然氣（世界第5）是其自然資源，棉花及小麥是主要經濟作物，有名的汗血寶馬是蓄牧業所養的蓄種之一。土庫曼的經濟改革做得不成功，主因為過去共產思想及官僚體系所致，經濟持續惡化中。

【1馬納特正面】
◎大塞爾柱帝國(Great Seljuk Empire)第二任蘇丹吐格利爾(Togrul, 990-1063)
背景有國徽及版圖。

【1馬納特背面】
◎土庫曼文化中心(Turkmenistan Culture Center)

【5馬納特正面】

◎大塞爾柱帝國(Great Seljuk Empire)蘇丹艾哈邁德・桑賈爾(Ahmed Sanjar, 1084-1157)
背景有國徽及版圖。

【5馬納特背面】

◎首都阿什哈巴德(Ashgabat)的中立門(Arch of Neutrality)及獨立紀念碑(Independence
Monument)。

【10馬納特正面】
◎哲學家、詩人 馬赫圖姆古利・弗拉吉(Magtymguly Pyragy, 1733-1783)
背景有國徽及版圖。

【10馬納特背面】
◎土庫曼中央銀行

【20馬納特正面】

◎15世紀民間詩人克魯古魯(Koroglu)，他提出要無條件幫助窮人，成為正義化身，其行徑一直為後人傳頌。背景有國徽及版圖。

【20元馬納特背面】

◎總統府（Ruhyyet Palace）

【50馬納特正面】
◎思想家及詩人 阿塔‧科爾庫特 (Korkut Ata)，約7-8世紀間人，是有名史詩〈先祖科爾庫特〉
(Dede Korkut) 之創作者、彈唱家，深受人民愛戴。背景有國徽及版圖。

【50馬納特背面】
◎土庫曼議會大廈(Assembly of Turkmenistan)

【100馬納特正面】
◎維吾爾族英雄　烏斯
可汗（Oguz Khan）

【100馬納特背面】
◎土庫曼國父宮
（Palace of Turkmenbashi）

一鈔
一世界

土庫曼位於中亞西南部，是一內陸國家，為古代花剌子模所在地，
還保留古代很多陵墓，雕刻精湛，堪稱藝術精品。土庫曼人民大多
信仰伊斯蘭教。歷史上波斯人、突厥人、阿拉伯人及蒙古人都統治
過該地，15世紀形成土庫曼民族，1924年加入蘇聯，1991年宣布獨
立。

前版（2009年前）紙鈔正面皆有土庫曼終身總統尼亞佐夫（Niazon
1940-2006）的肖像，其統治期間，在國內四處樹立他的雕像，大搞
個人崇拜，實施鎖國。2006年底突然逝世，新版紙鈔除500元外，
將其肖像撤除，改以歷史人物替代，而背面則以現代代表性建築為
主。

新版與舊版之比值為1：5,000，即舊鈔最高面額1萬元瘦身為新鈔2
元。

但500元鈔一直未向公眾發行，只留在銀行系統內部。

烏茲別克 棉花富國
Uzbekistan

⑤ ⑩ 50 100

中國譯名：烏茲別克斯坦
面積：44.7萬平方公里（世界第57）
人口：約2,800萬人（世界第45）
首都：塔什干(Toshkent)
幣值：索姆(Som UZS)
　　　　1美元≒3,539UZS

藍色代表蔚藍的天空，白色代表寧靜、純潔，綠色象徵肥沃的國土，兩條紅色細橫條象徵生命力。新月一側的五角星分三排梯形排列，數目依次遞增，總共十二顆，代表國家的十二州，新月表示是伊斯蘭教。

　　烏茲別克自然資源有石油、天然氣、黃金，經濟作物是棉花，為世界主要棉花出口國，相對糧食必須進口。

　　烏茲別克是個內陸國，而四周接壤的國家有阿富汗、塔吉克、吉爾吉斯、哈薩克，所有的鄰國也是內陸國，成為世界唯二的雙重內陸國（Landlocked Country），另一為歐洲的列支敦士登。

【1元索姆正面】

◎1元、3元、5元、10元、25元、50元、100元、200元、500元、1,000元、5,000元正面，均是國徽及面額。

國徽上有一隻展翅的吉祥鳥，背景是冉冉升起的太陽和碧綠的原野。圓面頂端為一顆八角星，星內繪有一彎新月和一顆五角星，代表國家的再生；圖案兩側則為國旗顏色之飾帶捆束的棉花和麥穗。

【3索姆正面】

【5索姆正面】

【10索姆正面】

【25索姆正面】

【50索姆正面】

【100索姆正面】

【200索姆正面】

【500索姆正面】

【1,000索姆正面】

【5,000索姆正面】

【10,000索姆背面】

【1索姆背面】
◎阿利舍爾‧納沃伊（Alisher Navoi, 1441-1501，烏茲別克著名詩人）歌劇和芭蕾舞劇院
這座劇院是由設計列寧在莫斯科陵墓的Aleksey Shchusev所建造，當時使用了第二次世界大戰的
日本俘虜作為勞工。現在常邀請世界各國芭蕾舞者和歌劇團到此演出。

【3索姆背面】
◎位於古城布哈拉(Bukhare)的查席馬‧阿育伯陵墓 (Chashma Ayub Mausoleum)

【5索姆背面】

◎位於首都的阿利舍爾‧納沃伊（Alisher Navoi）紀念碑，此人為烏茲別克著名詩人（1441-1501）。

【10索姆背面】

◎帖木兒陵墓(Timur Mausoleum)是一座天藍色圓頂複合體，裡面包含Timur和他的兒子Shah Rukh、Miran Shah，還有孫子Ulugh、Muhammad Sultan的墳墓，在當時成為Timur王朝的家庭皇墓。複合體的部分是在14世紀晚期時建立，依然保持良好的外觀。（有關帖木兒，見500元鈔票背面）

【25索姆背面】
◎位於撒馬爾罕（Samarkand）的夏辛‧晉達陵寢（Shakhi Zinda Mausoleum）。這座陵寢建造於14至15世紀之間，為帖木兒的朋友和天文學老師Kazi-Zade Rumi的陵墓。

【50索姆背面】
◎撒馬爾罕是中亞最古老的城市，也是烏茲別克第二大都市，西元前329年左右，亞歷山大抵達此地。撒馬爾罕為來自印度、波斯、突厥之商人主要經商交會處。成吉思汗攻打花剌子模時，撒馬爾罕曾遭屠城，毀於一旦。此地最為人知者為雷吉斯坦廣場（Registan Square），有三座矗立之書院，先後建於15、17、18世紀，分別是烏魯別克書院（Ulugbek Madrassa）、提拉卡力書院（Tilla Kari）、悉多書院（Shir Dor）。其中提拉卡力意為「鑲金」。書院內有華麗清真寺，絢麗奪目，值得參觀。

【100索姆背面】

◎位於首都的人民友誼宮(People's Friendship Hall)

【200索姆背面】

◎在撒馬爾罕(Samarkand)雷吉斯坦廣場(Registan Square)（見50元鈔票背面）上的悉多書院(Shir Dor)門楣上的馬賽克壁畫——神話老虎。老虎背上有擬人化的太陽，散發光芒，與古波斯之拜火教有關，令人有無限想像。

【500索姆背面】
◎國王　帖木兒 (Timur, 1336-1405)
帖木兒出生於察合臺汗國的一個信奉伊斯蘭教的蒙古貴族家庭，是成吉思汗七世女系——巴魯剌思氏子孫。他繼承察合臺汗國所使用的血緣，並非來自於其蒙古貴族血統，而是來自於婚姻關係。受到察合臺汗王族兩方面的羅致，他選擇投入較為弱小的忽辛陣營，在1364年終於扶持忽辛成為可汗，但在1369年，他殺死有兄弟情誼的察哈臺汗忽辛，宣稱自己是成吉思汗的繼承人，建立了帖木兒帝國，涵蓋中亞、西亞、南亞，他的後裔轉戰印度，開創蒙兀兒帝國。鈔票上是帖木兒策馬行軍的雕像。

【1,000索姆背面】
◎帖木兒 (Amir Timur) 博物館
Amir Timur博物館華麗內部和罕見的外觀，吸引許多訪客到此一遊，並留下深刻的印象。博物館是由Movaraunnahr帝國皇帝創建，主要匯集有關帖木兒的古老原稿、繪畫和版刻。

【5,000索姆背面】
◎在首都塔什干
(Toshkent) 的國民議
會大廈 (Oliy Majlis)

【10,000索姆背
面】
◎總統府

一鈔
一世界

本系列鈔票多達12張,從1994年1索姆起,使用多年尚未改版,只增加面額到2013年的5,000索姆,2017年的10,000索姆,表示有嚴重的通膨。從鈔票中我們看到,有許多討人喜愛的圖騰、重要建築,似乎亦東亦西,這些都來自於它曾被帖木兒所征服,而流傳下來的歷史文物,卻與現代的文化並行不悖。

烏茲別克是一個雙重內陸國 (Landlocked Coantry),城市規模都不大,但都具有古老歷史,首都塔什干有3,000年歷史,為絲綢之路重要商業樞紐。而歷史名城撒馬爾罕,中國歷史稱它為康居,保留14-17世紀許多著名古蹟、皇帝陵墓,頗為壯觀(10元、25元、50元、200元、500元皆可看到)。主要古都尚有布哈拉城,有大量古老伊斯蘭建築(宮殿、清真寺,見3元背面),有博物館城之稱。

第六篇 北亞
North Asia

- 依地理上習慣，北亞是指俄羅斯亞洲部分。

- 北亞非常遼闊，面積1,200萬平方公里以上，西起烏拉山脈，東至太平洋，北抵北冰洋，南達哈薩克。

- 北亞緯度甚高，泰半冰封，多數是沼澤，不利耕種，但有豐富天然資源，如油田、森林。

- 北亞地廣人稀，每平方公里密度3人，大多居住在城市，有條世界最長(2,300公里)的西伯利亞大鐵路，橫貫其間。

- 俄羅斯土地大部分在亞洲，但其重心在歐洲，在鈔票上5,000盧布與亞洲有關，其餘皆為與歐洲相關的內容。

俄羅斯 極地大國
Russia

5　10　50　100

面積：1,710萬平方公里（世界最大）
人口：約1.5億人（世界人口第9）
首都：莫斯科(Moscow)
幣值：盧布(Ruble RUB)
　　　　1美元≒50.5RUB

俄皇彼得大帝為建設海軍而前往荷蘭學習造船，對荷蘭仰慕至極，甚至參考荷蘭國旗而設計了現在的俄羅斯國旗。白、藍、紅三色是斯拉夫民族的代表色，分別象徵土地、海洋及國民的忠誠，亦解釋國土遼闊，涵蓋寒帶(白)、亞寒帶(藍)、溫帶(紅)。。領土向西至波羅的海沿岸，並因征服西伯利亞散居少數民族，領土迅速向東擴張，成為舉世面積最大國家；同時在經濟、軍事、教育進行歐化改革。20世紀上半葉蘇俄在重工業、軍火工業成績驚人，蘇聯解體後各項競爭力衰退。主要產業有鋁、木材、紙、合板、石化、重工業、原油、瓦斯。

【10盧布正面】

◎克拉斯那盧日斯基大橋與歐洲最大的河流
——窩瓦河

窩瓦河是歐洲最長的河流，全長3,690公里，
發源於特維爾州奧斯塔什科夫縣境內瓦爾泰丘
陵，流經俄羅斯十三個聯邦，最後注入裡海。

【10盧布背面】

◎Krasnoyarsk水力發電的水壩

俄羅斯水資源極為豐富，但分布不均，人口稀
少的北部和東部寒冰地區布滿眾多的河流，占
了俄羅斯水資源總量的88%。為解決水資源分
布不均的問題，前蘇聯時期共建設了十五項調
水工程，年調水量達480多億立方公尺，並成
為豐富的水力發電。

【50盧布正面】

◎聖彼得堡(Sankt-Peterburg)

聖彼得堡為俄國最早期的城堡，1703年由
Domenico Trezzini設計和建造。堡壘包含許多
建築物，包括聖彼得堡大教堂，裡面放置從
彼得一世到亞歷山大三世所有俄國沙皇的遺
骸。在鈔票上還可看到雕像和噴泉。

【50盧布背面】

◎聖彼得堡紀念館

前方之擎天一柱是海戰紀念柱。

【100盧布正面】
◎鈔票正面是波西修芭蕾舞大劇院(Bolshoi Theatre)門廊上的勝利女神Quadriga和四馬兩輪戰車的雕像，充滿陽剛的魅力。

【100盧布背面】
◎波西修芭蕾舞大劇院(Bolshoi Theatre)
俄羅斯以芭蕾舞聞名於世，而俄語Bolshoi即代表「盛大」之意。
18世紀中葉，歐洲流行義大利歌劇，為了追求時尚，俄國在1776年興建此大劇院，成為當時最宏偉之殿堂，擁有二千二百個座位，舞臺可容納一千五百人的龐大演出，吸引無數愛好者前往觀賞。

【500盧布正面】
◎彼得一世紀念碑（Monument of Peter the Great）
彼得一世(1672-1725)為俄羅斯帝國沙皇，為吸取西歐文化，從1697年起，遊訪英國、荷蘭、德國各地。外交方面，為獲得出海口，而與瑞典、土耳其交戰。為取得戰爭勝利，實行富國強兵政策；在財政和行政改革方面，實行農奴制，發展經濟，振興教育，開創文化。1708年實施地方機構改革，改革貨幣制度。建設新都聖彼得堡，並於1712年遷都至此。經過彼得一世的改革，俄羅斯已經成為面貌一新的歐洲強國。背景是阿爾漢格爾斯克(Arkhangelsk)港口，紀念碑建於1898年。

【500盧布背面】
◎阿爾漢格爾斯克市港口
內有東正教的索洛維茨基修道院(Solovetsky Monastery)，在1992年列為世界遺產。此修道院於1330年由三位僧侶修建，數世紀以來，領域延展開來，如今成為博物館保護區。

【1,000盧布正面】
◎智者雅羅斯拉夫大公(Yaroslav Ⅰ the Wise, 978-1054)

雅羅斯拉夫一世弗拉基米羅維奇是古羅斯王公（1016-1018年在位）、基輔大公（1019-1054年在位）。他統治的時代是基輔羅斯最強盛的時期之一。雅羅斯拉夫的軍事活動成就輝煌，除了征服芬蘭南部，還從波蘭手中

奪回東加利奇，隨後與波蘭國王卡西爾一世締結盟約。雅羅斯拉夫在位時期，基輔羅斯文化取得很大的發展。他曾下令編纂編年史，並組織希臘語文獻翻譯為斯拉夫語。右側背景是克里姆林宮城外的小教堂。

【1,000盧布背面】
◎雅羅斯拉夫市及聖約翰浸信會教堂

雅羅斯拉夫位於伏爾加河和科托羅斯爾河相會之處，是一個交通樞紐，高速公路、鐵路和水路都在此相會，同時也是個工業重鎮。鈔票上的建築是位於雅羅斯拉夫的聖約翰浸信會教堂(St. John the Baptist Church)。

【5,000盧布正面】
◎位於哈巴羅夫斯克(Khabarovsk)的東西伯利亞總督尼古拉‧穆拉維夫‧阿穆爾斯基(Nikolay Muravyov Amursky, 1809-1881)之紀念碑。尼古拉1858年曾與清朝黑龍江將軍奕山簽訂「璦琿條約」，得到黑龍江以北、外興安嶺以南60萬平方公里土地，沙皇亞歷山大二世封其為伯爵。

【5,000盧布背面】
◎建於1916年阿穆爾河上的哈巴羅夫斯克公路橋(Khabarovsk Bridge)。

一鈔一世界

俄羅斯鈔票正面是塑像，背景則為歷史古蹟，它畢竟是一大國，建築極為宏偉。最大面值5,000盧布敘述晚清衰敗，俄國沙皇強迫中國滿清政府簽訂1858年璦琿條約及1860年中俄條約，割讓黑龍江北、烏蘇里江東及庫頁島，共100萬平方公里土地給俄羅斯，失去了海參崴港，在滿清立場是痛失江山，在俄羅斯方面則大有斬獲。

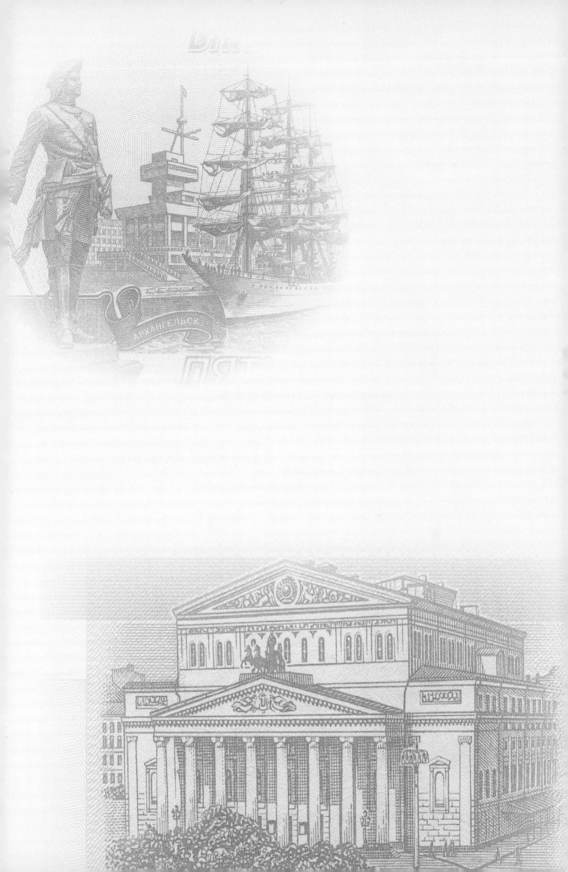

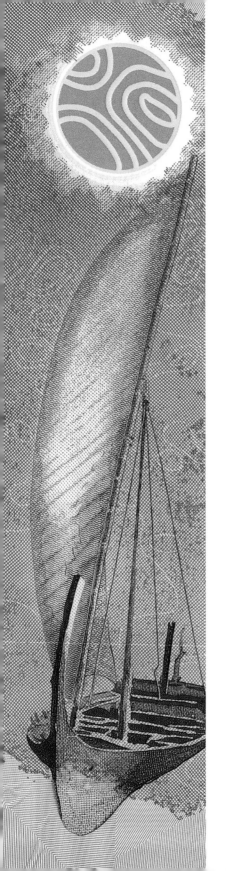

國家圖書館出版品預行編目(CIP)資料

亞洲鈔票故事館 / 莊銘國著.
-- 二版. -- 臺北市：五南, 2017.10
面；公分
ISBN 978-957-11-9412-7(平裝)

1.紙幣 2.亞洲

561.53　　　　　　　　　　　106016218

博雅文庫 187

RA49
亞洲鈔票故事館

作　　　者	莊銘國
發 行 人	楊榮川
總 經 理	楊士清
主　　　編	侯家嵐
責任編輯	劉祐融
文字校對	劉天祥
封面完稿	姚孝慈
排版設計	黃玉梅　theBand・變設計 — Ada
出 版 者	五南圖書出版股份有限公司
地　　　址	106台北市大安區和平東路二段339號4樓
電　　　話	（02）2705-5066
傳　　　真	（02）2706-6100
網　　　址	http://www.wunan.com.tw
電子郵件	wunan@wunan.com.tw
劃撥帳號	01068953
戶　　　名	五南圖書出版股份有限公司
法律顧問	林勝安律師事務所　林勝安律師
出版日期	2015年8月初版一刷 2017年10月二版一刷
定　　　價	新臺幣550元